新时代家庭心理健康教育ABC

郑先如 编著

海峡出版发行集团 | 福建人民出版社
THE STRAITS PUBLISHING & DISTRIBUTING GROUP | FUJIAN PEOPLE'S PUBLISHING HOUSE

图书在版编目（CIP）数据

新时代家庭心理健康教育 ABC / 郑先如编著 . -- 福州：福建人民出版社，2022.11

ISBN 978-7-211-08924-6

Ⅰ . ①新… Ⅱ . ①郑… Ⅲ . ①家庭教育—教育心理学 Ⅳ . ① G780

中国版本图书馆 CIP 数据核字 (2022) 第 161443 号

新时代家庭心理健康教育 ABC

XINSHIDAI JIATING XINLI JIANKANG JIAOYU ABC

作　　者：郑先如

责任编辑：陈　宽

责任校对：林乔楠

出版发行：福建人民出版社　　**电　　话**：0591-87533169（发行部）

地　　址：福州市东水路 76 号　　**邮　　编**：350001

网　　址：http://www.fjpph.com　　**电子邮箱**：fjpph7211@126.com

经　　销：福建新华发行（集团）有限责任公司

印　　刷：福建省金盾彩色印刷有限公司

地　　址：福州市金山浦上工业区D区24座

开　　本：700 毫米 × 1000 毫米　1/16

印　　张：8.25

字　　数：123 千字

版　　次：2022 年 11 月第 1 版　　**印　　次**：2022 年 11 月第 1 次印刷

书　　号：ISBN 978-7-211-08924-6

定　　价：38.00 元

序 一

去年就得知，龙岩学院心理系郑先如副教授申报的《新时代家庭心理健康教育ABC》获得了福建省社会科学普及出版资助项目的立项，现在与申报项目同名的著作即将出版，这是可喜可贺的。

实际上，多年前郑先如老师就关注心理健康教育理论研究，发表了多篇文章，并较早在龙岩学院开设了多门校级公选课，如《日常生活中的心理学》《人格心理剖析》《新农村社区心理服务》等，还面向该校心理学专业学生开设了《社区心理学》这门较新的课程。这些心理学类课程对普及心理科学知识、优化大学生心理素质、提高大学生心理健康水平无疑发挥了应有的作用。现在，他的《新时代家庭心理健康教育ABC》将在更为广泛的社会层面，在家庭心理健康教育领域为众多家长、教师和各界读者提供科学性和通俗性兼备的读物。

这本书的出发点和落脚点都放在家庭，围绕家庭教育的核心论述家庭心理健康教育的基本问题。该书开门见山就提出家庭是心理健康教育的重要场所、家长是孩子心理健康教育的首任老师、孩子是心理健康教育的关键主体等命题，凸显了对家庭心理健康教育特殊性的探讨；然后提出亲子关系是家庭心理健康教育的核心纽带、家校协同是心理健康教育的重要途径等较新观点，具有较强的实操意义；紧接着提出传统文化是心理健康教育的宝贵资源、互联网是心理健康教育的多元平台等较新见地，蕴含对民族性与全球化如何在家庭心理健康教育中共同发挥作用的思考；最后提供了家庭心理健康教育的多个案例，力求为家长们提供可以习得模仿的“样本”，此乃“他山之石，可以攻玉”，有助于读者借鉴并提升家庭心理健康教育的质量。总之，该书构思巧妙，以问题为线索，论述收放自如，举例恰当，实现了心理学科普的应有价值。

该书稍显不足的是关于“新时代”内涵的深度挖掘不够，这点或许在一定程度上影响了它的时代意义，但瑕不掩瑜，该书的优点是明显的。希望该书能够得到不断完善，为家庭心理健康教育发挥更多能体现时代新要求的积极作用。

叶一舵（福建师范大学教授，博士生导师）

于福州·大樟溪畔

2022年9月26日

序 二

因着女儿是心理学硕士研究生且从事心理学相关工作，本人对心理学知识有了更多关注与学习，也有了更为别样的情致。

仓廪实、天下安。粮食安全是关系国计民生的头等大事，是国家安全的基础。本人长期在粮食系统工作，见证了人民生活水平的提高，优质粮食工程实现了人们从“吃得饱”向“吃得好”“吃得营养健康”的转变；同时也看到不少人温饱满足后的精神空虚和心理失常现象，这一现象出现的原因是复杂的，但不外乎家庭、学校和社会三大方面。对于思想道德和心理健康，学校教育和社会培育相对受到重视，家庭养育却有些不足。孩子身体的健康成长离不开家庭、学校和社会的共同努力，心理健康也是这样。家庭在孩子的心理健康教育方面存在的一些问题，一定程度上是由于家长不懂得如何进行科学的家庭教育，这往往又是缺乏通俗易懂的教育读物所致。

现在，宗亲先如先生为广大读者呈现《新时代家庭心理健康教育ABC》一书，它对切合新时代要求的家庭心理健康教育基本知识进行了科学叙述，内容丰富，语言生动，富有启发意义，相信它能够起到普及家庭心理健康知识、提高家长和社会各界人士心理育人水平的应有作用，是一本值得认真一读的好书。

应宗亲之请，深感荣幸。晚辈写下了以上这些感想，权当为序。感恩！

郑凤祥

于福建省闽粮购销有限公司

2022年9月26日

目 录

第一章　家庭——心理健康教育的重要场所

一、心理是什么?

讲家庭心理健康教育，有必要先了解一下心理是什么。

先看一个案例吧——印度“狼孩”的故事。

1920年，在印度加尔各答西南山林里，人们发现有一群狼。奇怪的是，狼群里夹杂着两个“野人”，赤身裸体、披头散发，但身手矫健，飞檐走壁。当地人都很害怕，以为是妖怪。美国传教士辛格去探险，跟踪考察，最后发现竟然是两个女孩。人们猜测是孩子在小时候被母狼叼走，成为狼孩的。小女孩大约3岁，取名叫阿玛拉；大女孩大约8岁，取名叫卡玛拉。由于长期与狼生活在山林里，特殊的生活环境使她们完全丧失了同龄孩子的心理特征、智力活动。她们不穿衣服，即使被强行穿上，也会用她们的“爪子”撕成碎片。她们生吃食物，专吃生肉、腐肉，喜欢抓小鸡吃，喜欢喝牛奶，但必须泼在地上用舌头舔。睡觉时总趴在地上睡，不盖被子也不会冷，基本上是白天睡觉，晚上出去找东西吃。喜欢黑暗，喜欢和狗、山羊接近。不会直立行走，不会说话，甚至不会笑。嗅觉十分灵敏，不怎么出汗。

狼孩的故事告诉我们，成长环境对于心理发展影响有多大！不同的环境造就不同的人，长期脱离人的生存环境带来的心理问题有多么可怕!

通常认为，心理活动是脑的机能，是人对现实世界的反映。在这个说法里，脑（特别是大脑）、现实世界和反映是三个关键词。先说说脑。一个人如果脑子损伤了、出问题了，智力、情绪、意志甚至性格都会发生障碍，影响正常生活。其次是现实世界，一个人如果长期脱离正常的生存、发展环境，他的心理是会产生病态的。比如，印度的狼孩就是因为长期离开正常人的生活环境，心理行为变异了，心智水平退化了。第三是反映，有了健全的脑子，又有正常的生活环境，一个人就会通过参加各种活动逐步反映世界，心理就会复杂起来，情商就会逐渐提高，心智就会成熟，最终能够过上独立的社会生活。

人的心理现象很复杂，一般可以从三个方面加以分析。一是心理活动（心理过程），二是心理特性，三是心理动力。

心理活动（心理过程）包括认知、情绪和意志三类。视听觉、知觉、回忆、思考等等都属于认知活动；而快乐、愤怒、害怕、伤心等等都是不同的情绪；为了实现自己的目标不怕困难、克服困难、解决冲突就是意志的生动体现。伴随着各种心理活动，有一种注意力现象，它是一种心理状态，是心理活动得以顺利进行的条件。有的孩子学习不好，不是智力问题，而是注意力出了问题，如经常注意力分散等。

心理特性主要由气质、性格和能力构成。气质就是我们常说的脾气、天性，它是比较难改的，“江山易改，禀性难移”说的就是气质。性格是我们接待人物过程中表现出来的稳定特性，主要是通过学习获得的，比如自信、热情、宽容、自私、嫉妒、尽责、懒惰等等都可以成为性格特征。气质和性格可以统称为人格。能力则是获得知识、解决问题、处理人际关系等等方面的特性，大部分也要通过学习获得。人格和能力结合起来就使人与人之间的心理差异表现出来了。

心理动力指一切精神活动的内在驱动力。需要、动机、理想、信念、人生观等等都可以在生活、学习、事业方面发挥巨大的动力作用，它们都属于心理动力。缺乏动力，任何事情都做不成。

总之，心理本质、心理现象虽然复杂，但是可以加以分析。理解了心理是什么，我们把握心理健康教育就有了良好基础。

二、健康的含义

经常会听到这样的说法："健康第一！"但人们理解的健康是同一个意思吗？健康是什么呢？

其实健康是一个发展的概念。在现在流行的观念中，人们归纳出了影响健康的四大因素——合理膳食、适量运动、戒烟限酒、心理平衡。但是，以前在大多数人眼里，没病就是健康。当然，这是一个消极的健康观，健康并不等于没病。随着社会的进步和发展，人类由于灾荒、瘟疫、贫困、生活条件恶劣等引起的各种疾病已大为减少，但现代社会的竞争和快节奏造成的紧张环境，给人们带来前所未有的心理压力，与之有关的疾病，如高血压、消化道溃疡、癌症、冠心病以及对他人的猜疑、嫉妒、敌视、怨恨，还有关于自己的自卑、消沉、自大、胆怯、焦虑等发生率剧增。为此，传统的健康概念已与现代社会不相适应，需要更新。

就让我们来看看世界卫生组织在不同时期对健康的不同定义吧。

1948年世界卫生组织成立时，把健康定义为："健康乃是一种生理、心理和社会适应的完满状态，而不仅仅是没有疾病和虚弱的状态。"可见，20世纪40年代起，健康就已经不再局限于传统认为的没有生病。

1989年，世界卫生组织提出了健康新概念："健康不仅仅是没有疾病，而且包括躯体健康、心理健康、社会适应良好和道德健康。"这时的健康概念已经是生理的、心理的、社会的和道德的有机整体。

不良性格特征。

没有严重的心理卫生问题。幼儿心理不健康往往是通过各种行为方式表现出来的，如吮吸手指、遗尿、口吃、多动等。心理健康的幼儿应没有严重的或复杂的心理卫生问题。

2.中小学生心理健康一般具有以下几个标准：

我国著名心理学家、北京师范大学林崇德教授认为，中小学生心理健康的具体标准包括以下三个方面：

学习方面——通过学习获得满足感，增进发展，保持与环境的接触，排除不必要的忧惧，形成良好学习习惯；

人际关系方面——了解彼此的权利和义务，客观地了解他人，关心他人的需要，真心赞美和善意批评，积极沟通并保持自己人格的完整性；

自我方面——善于正确评价自己，通过他人认识自己，及时正确归因，根据自身实际情况确立抱负水平，有自制力。

3.大学生心理健康的标准，一般认为包含以下几方面：

有理想追求，有较浓厚的学习兴趣和求知欲；有正确的自我意识，能接纳自我；能调控情绪，保持良好心情；乐于交往，有和谐的人际关系；保持完整统一的人格品质，人格健全；能较好适应环境；心理和行为符合年龄特征，没有明显幼稚化的退行表现。

知道了心理健康的一般标准和不同年龄阶段学生的具体标准，就为我们正确实施心理健康教育提供了有力的基本遵循。

四、心理健康教育的意义

心理健康教育既可以相对独立进行，也可以渗透在五育之中产生作用，对人一生的成长将发挥至关重要的影响，有着不可替代的作用，而且随着时代的发展，其作用越来越突出。

比如，中小学生心理障碍问题已成为当今重要的社会问题之一，媒体也时有报道。不少学生因学习压力过大、家庭期望过高等原因，对父母和教师产生了抵触情绪，亲子关系、师生关系紧张，出现了严重焦虑症状，不能适应正常的学习生活和社会的变化，在人际交往中不能和他人和谐相处，在生活中不能忍受困难和挫折。可见，对中小学生进行心理健康教育十分必要。有老师总结了学生心理障碍产生的三方面原因：

一是日常交往中的心理问题。学生的交往须随着年龄的增加而不断增强，但他们的交往能力如得不到正确的指导，往往只能停留在较低的水平上，甚至常常由于交往不当而产生这样或那样的心理问题。例如，矛盾不能及时得到解决，就容易形成暴力对抗、封闭孤独等不良心理；有的学生沉迷于玩电脑游戏，慢慢地就形成了一种孤僻的性格，不喜欢与别人交流，喜欢自己干自己的，因为没有朋友可以倾诉，不开心的时候甚至会拿自己的身体自残来进行发泄，这就是一种典型的人际关系焦虑症的表现。

二是日常生活中的心理扭曲。在日常生活中，孩子容易受到所处的客观环境的影响，例如家庭的纠纷、父母的离异造成孩子抑郁和焦虑；社会不良风气、复杂人际关系造成孩子内心矛盾冲突与困惑疑虑；学校不得法的教育造成孩子对抗情绪或退缩畏惧等心理问题。这些容易被家长们忽略的问题，却对学生造成很严重的心理影响。

三是学习竞争带来的无形压力。分数一直是学生极其重视的，家长或者学校为了提高成绩，往往自觉或不自觉地剥夺了他们自由发展的时间和空间，阻碍了学生独立意识和自我意识的发展，影响了他们创造力的发挥。虽然老师会鼓励学生大胆把心中的想法用语言表达出来，提倡答案的丰富多彩，可是，考试的时候标准答案往往还是只有一个。

心理健康教育对大学生成长也是至关重要。

第一，可以预防心理疾病。大学生在日常生活中由于某些原因引起的暂时心理失常，如烦恼、胆怯、恐惧、孤独、焦虑等，一般不需要特殊处理，如果有心理学的基本知识和正确的自我认知，往往能够自我调节而消解，不会产生持续影响。但如果表现为意识障碍、认知障碍、情绪情感障碍、意志障碍和人格障碍，就会使学生不能接受正确的思想教育、专业教育，导致师生关系、同学关系紧张，就需要进行心理咨询及治疗。如果进一步恶化，就会导致严重的心理变态和精神病，需要精神卫生机构进行治疗。

第二，可以减少身心疾病。身心疾病是一种由心理因素引起的躯体上的疾病，患者往往经历过情绪上的某种压力，比如长期的紧张、焦虑，尤其是气愤、恼怒、郁闷、挫败、沮丧、无助等。大学生处于人体发育高峰阶段，性生理成熟，情绪易失衡，如果不能有效调节不良情绪，非常容易导致身心疾病。科学研究和大量医学临床实践证明，积极情绪对于身心疾病的预防是任何药物替代不了的，科学的心理健康教育可以减少大学生身心疾病的发生或减轻其程度。

第三，有助于培养健全人格。心理健康教育有助于培养稳定的、健全的人格，健全的人格又是心理健康的重要内容。一个人的人格是否健全，直接影响到他对世界的认识和体验，影响到对当前生活环境的适应和对未来命运的把握，最终影响一个人的生命质量和人生意义。

当然，心理健康教育不可能解决学生所有的心理问题，但肯定有助于预防心理疾病的发生，有助于优化心理状态，有助于心理潜能的发展。对学生的心理健康教育应是全方位、多角度的，这样才能有效地维护学生的心理健康，提高学生的心理素质和综合素质，逐步达到学会学习、学会生活、学会做人的目的。

五、家庭在心理健康教育中的作用

学校实施心理健康教育是必要的也是重要的，但如果没有家庭的积极配合支持，效果会大打折扣，有时还会出现抵消甚至负面作用。这就必须先从总体上来把握如何发挥家庭在心理健康教育中的作用。

首先，要了解心理问题的家缘性。有一个现象家长们很熟悉：有的孩子在学校与在家里的表现完全不同。为什么会这样呢？因为孩子所处环境不同。学校里是师生关系、同学关系，家里是亲子关系。前者理性成分多，讲规则、守纪律；后者情感成分多，谈亲情、论自由。所以，学校教育要讲究爱，家庭教育要提倡讲理，这样才能实现心理和谐。有的父母不懂这个道理，一味宠爱、溺爱，孩子就容易以自我为中心、自私，难以和他人相处，久而久之就会在学校被孤立，随之产生了心理问题。这就是心理问题的家缘性，很值得注意。

其次，要关心孩子心理状态的变化。不同年龄阶段的孩子心理水平不一样，同样年龄孩子也存在心理差异，甚至同一个孩子在一天里的心理状态也不同。做父母的就要时时关注这些变化，对于让孩子不开心、不顺心的事情务必加以理解并协助解决，逐步培养其自主解决问题的能力，包括化解消极情绪和其他不良心理状态的能力。这就是父母之爱。千万不要做只会训斥孩子的专制型父母，也不要做专门用钱打发孩子的冷酷型父母，更不能做情感上遗弃孩子的忽视型父母。

再次，要明确家校协同工作准则。家校协同是心理健康教育工作中的重要准则。这个准则要求家长支持配合学校的工作，也要求老师了解学生在家的表现，在孩子心理发展上形成教育合力，一起消解孩子的心理问题，共同提升孩子心理健康水平。比如，责任感是重要的心理品质，它是形成健全人格的基础，也是能力发展的催化剂。有的父母只要求孩子学习，其他事情全部由父母包办。这看起来是爱，其实是害，因为自己的事情自己做是培养责任感的起点。在此基础上，家里的事情帮着做、集体的事情共同做、对自己的行为后果负责、履行自己的诺言等等都是培养责任感的基本要求，也都需要家长与学校积极互动。

最后，要积极参与家校互动联系。明确了家校协同的工作准则后，该怎样积极参与互动联系呢？这里给家长们提出“三要三不要”的建议。“三要”：要做好入学准备，助力孩子适应新生活；要适时主动联系老师，及时了解孩子的状态；要把孩子当作家里的平等成员，承担适当责任。“三不要”：不要给孩子提过高期望；不要只关心学习成绩；不要滥用爱的名义。“三要”的核心是要认真对待孩子的成长，培养他们的适应能力、学习能力和社会能力；“三不要”的关键是不要把孩子看成自己的私有财产，不要使他们成为只会自私索取、不知感恩奉献的人。

六、家风的潜移默化作用

家风一般指家庭或家族世代相传的精神风尚、生活作风，即一个家庭当中的心理氛围。

家风内涵丰富、影响深远，往往以“润物无声”的方式发挥作用。以下从家风的几个特点分析其在心理健康教育中的作用。

一是积极，即积极向上。这是积极价值观在家风方面的心理体现，关系到家风的性质、方向，极为重要。积极的家风表现为家庭成员具有正直、诚信、勇敢、友善、谦逊等特征，具有敬畏心、感恩心、怜悯心、公德心，还要有创新性、独立性、坚韧性等积极品质。

二是和美，即和谐美好。大致有以下6个方面的行为表现：家庭成员之间能彼此认真倾听对方讲话；家庭成员在家心理愉悦，身心放松，自由自在，无拘束感；家庭成员之间可以经常进行轻松的沟通交流，表达自己的真情实感；每个家庭成员的事都可以在家里讨论，得到理解、安慰、疏导以及帮助；家庭成员都以家为重，人人关心家庭；父母对子女平等尊重，子女对父母关爱孝敬。

三是快乐，即快乐多于痛苦。喜怒哀乐，人之常态，家庭也是这样。快乐、幸福是人们追求的，痛苦、烦恼是人人都想避免的。但是，没有痛苦、烦恼、忧愁的人生是不存在的，实际上也是不完整的。良好家风有一个显著特点，即对待事件多做加法、少做减法。这里的关键是我们对事件的评价是积极的还是消极的。比如，孩子学习退步了，积极的评价可以让孩子认清存在的不足，以便找到解决问题的办法；消极的评价则会加重孩子的压力。积极评价比较理性化，有促进作用，是在做加法；消极评价比较情绪化，有干扰影响，是在做减法。

四是开放，即开放而不封闭。良好家风既需要家庭成员之间的积极沟通，又需要与他人的积极交往。长期闭门看电视、用电脑、玩手机等，忽略了亲朋好友间的往来，都不利于家庭健康的精神生活。爱好很重要，积极健康的爱好既能提升自己，又能在共同活动中结交朋友。老人家、中青年夫妻、孩子都可以选择各自喜欢的休闲方式，或全家出游，或与他人结伴出行，都能从中收获喜乐和欢畅。

五是应激，即应对突发事件。任何一个家庭都可能遭遇各种突发事件，应对突发事件产生的心理状态就是应激。因为天灾人祸而产生悲痛是自然的反应，从悲痛中较顺利地走出来就要依靠应激素质了。心理安全主要来源于生命安全、财产安全、职业安全，突发事件往往对人的心理安全产生负面影响，应对突发事件应从生命、财产和职业等方面进行预估，做好预警，制定预案。比如，定期做必要的体检、合理规划家庭开支及投资理财等等都有助于积极应对突发事件，提升心理安全感。

总之，如果一个家庭的家风是积极、和美、快乐、开放和安全的，孩子大多是健康的、幸福的。特别是父母共同积极经营婚姻关系，进而形成良好家风对孩子的影响最大。这是现代家风建设的一条主线，也是现代家庭心理健康教育这棵大树的主干。

第二章 父母——心理健康教育的首任老师

一、婚姻关系的影响

上一章介绍了心理健康教育的重要场所——家庭，这一章要介绍孩子心理健康教育的首任老师——父母。而父母在孩子的心理健康教育方面的重要作用可以先从父母的婚姻关系说起。

在一个家庭里，婚姻关系的影响是深远的，因为它能影响所有家庭关系，包括亲子关系，孩子就是在潜移默化中习得父母的人格特质的，而这正是心理健康的人格起点。

人格一般指一个人的态度、情感以及行为上的一些特质，相对于情绪、性格来说，人格更加稳定。一个人成长的过程中，情绪会不断变化，性格也可能有所改变，但是他的人格特质是基本不变的。人格对婚姻的影响，主要体现在两个方面：一方面，人格会影响人们选择怎样的伴侣结婚；另一方面，人格特质还会影响处理问题的方式，比如，他会怎样看待发生的矛盾，采取什么样的措施去解决双方的矛盾。

心理学上有一个“大五”人格理论，即将人格划分为5个主要维度，分别是外倾性（内向或外向程度）、神经质（情绪的稳定程度）、开放性（对外界事物的接纳程度与创新程度）、宜人性（是否愿意取悦他人）与责任心（是否愿意承担某些事务）。

外倾性指的是一个人内外向方面的特点。一个外倾性程度高的人，会表现出热情、喜欢参与社交活动、精力旺盛、充满活力、喜欢交际等特点。与这种人相处，会感受到积极的能量，他们愿意去结交新朋友，社交圈子也比较广。

神经质描述的是一个人情绪方面的特征。高神经质的人，情绪容易激动、不稳定，可能别人一些不经意的小举动也会导致他不高兴，甚至大发脾气。因此，与神经质较高的人结婚，可能会经常闹摩擦。比如你工作比较忙，忽略了对方，情绪稳定的人觉得这没什么，而神经质较高的伴侣可能就会觉得你不爱他、不在乎他了，从而引发矛盾。宜人性较强的人往往更能够宽容对方、理解对方，并且具有善于换位思考、谦虚包容的品质，因此他们与伴侣之间有着更为积极的互动模式，他们的婚姻关系往往也更加和谐稳定。

责任心与开放性在婚姻关系中，也是不可缺少的人格特质。责任心强的伴侣，会觉得自己是家里的一分子，应该将一定的精力投入到家庭建设中，会更多地为家庭付出，承担更多的家庭事务，例如做家务、接送孩子等。而开放性高的伴侣，会愿意去理解、采纳对方的观点，而不是将自己封闭起来，坚持自己的意见，不在乎对方的想法和感受。

夫妻双方带着各自的人格特质走进婚姻殿堂，并在交互作用中演绎婚姻关系。孩子从小就受到沾染，观察学习，从而形成了心理健康的不同底色。当然，我们也没必要过于夸大婚姻关系对孩子心理健康的影响，毕竟还有学校、社会中各种复杂的人际助力作用和互动调节作用乃至强制他律作用。

平等、和睦、文明的婚姻关系是新时代所需要的。有人认为最好的婚姻关系其实就是彼此成就，从心理学的观点来看，这是很有道理的。孩子从小受到好的婚姻关系熏陶，自然就会发展出平等、和睦、宽和与文明的积极心理特质。

二、父母的教育理念

客观地说，许多父母是没有“持证上岗”的。生育前后对为什么生孩子、怎样养育和教育孩子等等缺乏基本的教育科学知识，一定程度上影响了孩子的健康成长。

1. 片面甚至错误的教育理念

比如快乐学习。前些年，我国的小学教育曾流行过“快乐教育”的理念。下午4点半学生就皆大欢喜地放学了，减少家庭作业，多给孩子自由学习的空间；提倡老师要时常表扬学生，尽量不要批评，让孩子在快乐中学习。这样的教育看起来很理想，但实际上，教育是一项需要大量艰苦付出的挑战。片面强调“快乐教育”的结果是，孩子的知识、能力和视野没有明显提高，有的还以自我为中心，受不得管、吃不了苦、听不得骂。

又如释放天性。有人把孩子的大声尖叫、粗鲁没礼貌、抢人东西这种没教养的行为当作孩子的天性或真性情。但是别忘了，做父母的更要教会孩子在公众场合遵守基本底线。既然是这个社会的一员，就必须遵守社会准则。自由永远是和规则相伴的。教养不光是恪守公共底线，往高层次说，还是发自内心的温暖、坦荡，是替人着想，是予人予己最大的善意。孩子有权利活泼，周围人也有权利享受安静、舒适和不被打扰。不给周围的人添麻烦，才是为人父母的教养。

再比如成功和学历无关。有的家长这样说：大学生都在给初中同学打工，小学毕业生都成为博士的老板了。所以，学历高没用，将来还不是要给人打工；考不上大学也没关系，没准将来会成为管理界的奇才。实际上，毫无学历却功成名就只是小概率事件。以这种小概率事件告诉孩子“不上大学也没关系”，难道不是耽误孩子的前途吗？喜欢用“我的孩子学历不高，但是将来能管大学生”这样想法来自我安慰的父母，还请细细体味这样一段话：“在大道上辛苦前行的人往往羡慕另辟蹊径者的迅速登顶，抱怨自己太累太慢，却从来不去想那条小路上布满了多少荆棘和凶险，以及多少人在那里摔得粉身碎骨。”对于绝大多数普通孩子而言，拥有更多知识储备，才有可能在未来社会上走得更好更远。

2.值得培养的基本理念

社会多元化发展的今天，在继承和吸收的基础上，当今中国的家庭教育应该培养以下基本理念：

孝的理念。孝是一种传统伦理关系，在新时代有了新内涵，它体现的是角色、秩序。孩子在家里只能是晚辈，而不是“小皇帝”“小公主”。家长教育孩子是天经地义的事情，要考虑的只是教育的内容、方式、方法。要从小养成孩子尊重长辈的习惯，家长必须做出示范和表率。

契约理念。契约是现代社会生活的游戏规则，体现了权利、责任、义务、平等、尊重、共赢的原则。家长应该随着孩子年龄的变化，随着孩子主体性的逐渐增加，在教育过程中以某种“契约”的形式达成共识。这样既可以减少亲子之间的矛盾，又体现了尊重，还培养了孩子的规则意识，有助于他们的社会化。把孝与契约理念放在一起，并不矛盾，而是体现了合理的平等关系。

沟通的理念。家庭关系应体现为三个维度：亲密度、适应性和沟通。沟通对亲密度、适应性起到促进作用，而亲密度、适应性正是沟通的结果。沟通强调的是为所有家庭成员创造不受拘束的交往环境，孩子可以自由表达观点。亲子之间存在不同的看法是正常的，沟通则可以在家庭内部建立起正常的代际心理关系。

感恩的理念。家长既要教育孩子感恩父母，也应该以感恩的心态去教育孩子。有一种理论认为，亲子沟通类似于资源（思想、情感等）交换，亲子沟通的方式不同，子女的发展也不同。较低水平的一致性反映了家庭中的诸多问题，而较高的沟通水平则体现了家长的社会化水平。不成熟的父母教育出来的孩子可能会面临更多的问题，因为他们偏离了亲子共同成长的初心。

无疑，家庭教育是一门科学也是一门艺术，家长只有用心去体会、去实践，才可能掌握其中的规律，并在教育孩子的过程中、在孩子的成长过程中，与孩子一同走向成熟。孩子的到来，不仅仅是上天赐给父母的礼物，也使父母在教育（而不仅是养育）孩子的过程中真正走向成熟。如果这些理念能够自然地贯穿于家庭教育过程中，不仅有助于密切亲子关系，而且有助于孩子养成良好的人格特质，让孩子将来拥有更广阔的发展空间。

三、父母教养方式的影响

父母的教养方式是影响孩子成长的一个极其重要的因素，这被许多学者的研究所证实。简单地说，父母的教养方式是指在家庭生活中以亲子关系为纽带，父母对子女采取的教养观念、教养情感和教养行为的组合方式。

美国心理学家西蒙兹提出了亲子关系的两个维度，一是“接受—拒绝”，二是“支配—服从”。另一位美国心理学家鲍姆林特将父母教养方式分为“要求—控制和无要求—无控制”、“接受—反应（孩子中心）和拒绝—无反应（父母中心）”两个维度。有研究发现，被父母接受的孩子多表现出情绪稳定、富有同情心的性格特点，而被父母拒绝的孩子大多情绪不稳定、对人冷漠而且具有逆反心理倾向；受父母支配的孩子缺乏自信心、依赖性比较强，而经常使父母服从的孩子则表现得任性并具有攻击性。还有研究发现，父亲过于严厉和频繁拒绝、父亲与母亲教养方式不一致等不良教养方式都是产生心理问题的危险因素。

有人把父母的教养方式划分为积极型、极端型、严厉型、溺爱型、成就压力型5种类型。积极型父母具有较强的民主意识，尊重孩子的个性和独立性，常用说理的方法教育孩子；极端型父母在多个方面有着不良倾向，具有多重矛盾行为；严厉型父母要求孩子绝对服从自己，缺乏情感交流；溺爱型父母则对孩子高度接纳、迁就，少有惩罚行为；成就压力型父母对孩子有过高的成就期望，向孩子施加过多压力。总体来看，积极型教养方式有利于孩子的个性发展，其他类型则存在各自不同的缺陷。

影响父母教养方式的主要因素包括：父母的教养观念、文化差异、父母对孩子的情感、孩子行为本身以及家庭构成模式等。

首先，父母的教养观念直接影响教养方式。社会在发展变化，与前几代的父母相比，现在的父母更注重孩子精神世界的培养和综合素质的提高，而不仅仅是改善物质生活条件，这就导致教养方式的变化。

其次，文化程度差异导致教养方式的差异。研究表明，文化程度高的父母多数会选择民主型的教养方式，注重孩子的长期发展；而文化程度相对较低的父母多采用专制型、溺爱型和放任型等教养方式，往往按照自己认为合理的方式教养孩子，但通常表现出简单、粗暴的教养行为，对孩子的心理发展产生负面影响。

第三，父母对孩子的情感间接影响父母的教养方式。父母对孩子的情感分为三种：温暖理解、拒绝否认和过度保护，这三种情感将影响父母的教养方式。对孩子温暖理解的父母多会选择民主型的教养方式，有更多的尊重、理解和关爱等教养行为；对孩子拒绝否认的父母多选择专制型的教养方式，他们否认孩子作为独立个体的自身需要，拒绝孩子的各种要求；对孩子过度保护的父母通常采取溺爱型的教养方式，他们过度宠爱孩子，无条件地满足孩子，不让孩子受到丝毫伤害。

第四，孩子的行为对父母选择教养方式具有反作用。在家庭教育中，父母与孩子处于双向互动之中，在父母教育孩子的同时，孩子的各种因素也对父母的教育行为产生影响。当孩子的行为与父母的期望不符时，或者孩子的行为使父母意识到某种教养方式不适合时，父母便会考虑更加合适的教养方式。

第五，家庭构成模式往往决定教养方式的实施主体。由父母和子女构成的核心家庭，在教养孩子问题上相对容易形成较为科学合理的统一方式；由父母一方抚养子女的单亲家庭，教养方式的理念基本上取决于单方父母；在隔代教养家庭中，老人的教育观念相对传统，容易形成溺爱或放任的教养方式。

总之，关于父母教养方式在孩子心理健康中的作用，一方面要高度重视，了解有关的类型和影响因素，发挥好相应教养方式的积极作用；另一方面要知道孩子是不断成长的主体，随时根据孩子的发展阶段调整教养的方式。

四、家长的职业类型

俗话说，三百六十行，行行出状元。关于职业类型，心理学家却不是这样看的。按照美国心理学家与职业指导专家霍兰德的“人格与职业类型学说”，人格有6种类型，即实用型、研究型、艺术型、社会型、企业型和常规型，职业也可以相应地分为这6种类型，而且每一特定类型人格的人会对相应的职业类型中的工作感兴趣。

有研究表明，父母的职业类型对子女的心理素质发展有影响，具体是：父亲的职业类型对子女的智力发展有显著影响，但母亲的职业类型的影响不显著；父母亲职业类型都对子女的性格发展有显著影响。智力和性格都是心理健康的构成要素，这就说明父母的职业类型对子女的心理健康是有影响的。

不论什么类型的职业，总体而言均要求一定的生理素质、心理素质、思想素质、文化素质和审美素质。其中，心理素质的水平直接影响人的自身发展、活动（包括学习）效率以及人对各种环境变化的适应能力，这些情况与心理健康是密切相关的。而且，从事同一类型职业的不同人，还面临着职业素质是否达到了职业要求的问题，即职业适应力问题，职业适应力的差异同样影响着人的心理健康水平。

影响家长从事职业类型的因素很多，这里仅从心理健康的角度简要谈一下个性与职业匹配问题，因为了解了个性类型及其职业的适应性，才可能获得尽可能大的适应感、满意感、自由感和幸福感，保证高质量的心理健康。

第一，需要与职业的匹配度。职业需要有维持生活的需要、发展自我的需要、交往归属的需要和承担社会义务的需要等等。这些不同的职业需要可以部分解释一个人为什么选择这种工作而不是另一种。心理学家斯塔格内曾对数千名工人进行抽样调查，结果只有7%的人将“收入高低”列为首位，30%的人认为“工作稳定”最重要。赫茨伯格等人的研究论证了高层次需要的作用，在研究中，他询问人们在什么情况下对工作感到满意，什么时候不满意。报酬、人际关系、工作条件等“保健”因素假如不顺人意，会使人失望，但它们不是积极动机之源。令人满意的因素是工作的实质，包括工作本身、进展、成绩、他人的认可和责任。看来，职业需要与职业特性匹配度不同，会产生不同的心理反应。

第二，气质与职业的匹配度。一般把气质分为4种类型，即多血质、胆汁质、黏液质和抑郁质。气质会影响人活动的特点、方式和效率，所以，一定职业活动的顺利进行，要求从业者必须具备某些气质特征。国外有一项研究，根据气质特点及职业要求，划分为不同气质类型，如变化型、重复型、服从型、独立型、协作型、机智型等，每一类都有与其相适应的职业。这个研究结果有一定的参考价值。在现实中，气质类型不一定恰好符合职业要求，这个时候首先要考虑的不是改变气质或改变职业，而是应该让气质得到调适和指导。

第三，性格与职业的匹配度。和气质有所不同，性格更具有后天可塑性，能反映人的社会特性。不同性格类型的人适合于不同的职业。外向的人适宜去搞社交性和活动性的工作，而内向者则不适合这类职业。当然，在长期的工作中，职业活动的要求也会让从业者巩固或改变原有的性格特征，形成新的性格特征。性格和职业是相互对应、相互作用的。

总之，职业匹配度高，人的心情就容易舒畅，反之就易于抑郁。职业及其类型就是这样影响着人们的心理健康状态。

不同职业的从业者又会从以下几个方面影响他的孩子，包括职业动机、职业理想、择业取向等等影响实现人生价值的因素。其中很重要的一个因素就是情商，研究表明，一个人能取得职业成功，较多地依靠情商而非智商。高情商的人，人生态度积极，生活比较快乐，人际关系和谐，成功的机会更大。所以，正如职业无贵贱，我们无法甚至无须断言哪些职业类型的从业者的心理健康水平更高，但可以肯定的是，热爱自己选择的职业，在特定的岗位上发挥聪明才智就是心理健康的基本保障。有这样积极精神面貌和良好心理品质的父母也自然而然深远地影响着孩子，不断地提振他们的心理健康状态。

五、家长的兴趣爱好

经常有人说：兴趣是最好的老师。为什么呢？因为兴趣有三个突出的特点，即情绪性、动力性和内在性，这些都会影响心理健康。

情绪性是指人在从事他所感兴趣的活动时，总处于兴奋、愉快、满足等积极情绪状态，他的注意、感知、思维等等心理活动都积极地集中在同一对象上。

动力性是指兴趣能使人自发地或自觉地主动完成某些活动，这是最活跃的一种行为动机。

内在性是指兴趣作为行为动机是由于内在的认知需要获得满足而产生的，这就与因为外在目标任务提出的强制要求而被迫努力有着很大的差异。

具体说来，兴趣有以下三大作用：

一是对学习的促进作用。孔子说："知之者不如好之者，好之者不如乐之者。"俄国教育家乌申斯基说："没有丝毫兴趣的强制性学习，将会扼杀学生探求真理的欲望。"这些都很好地说明了兴趣对于学习探索的促进作用。教育实践证明，学生对学习过程本身、对学习科目课程有兴趣，就可以激发其学习的主动性与积极性，驱动他积累知识，取得好成绩。带着兴趣不断学习、终身学习就能促进心理健康。

二是对生活的活化作用。兴趣可以丰富一个人的心理生活内容，对生活充满乐观情绪。有着多样化的兴趣，就会感觉生活丰富多彩，让人进入愉悦的心境之中；兴趣贫乏，会让人感觉生活枯燥乏味，无力充实思想、激发情感，容易陷于苦闷之中。多样的、高尚的兴趣能让人远离空虚和烦闷，走向健康和幸福。兴趣是心理健康的一个法宝。

三是对事业的驱动作用。诺贝尔奖获得者丁肇中说过：“任何科学研究，最重要的是看对于自己所从事的工作有没有兴趣，换句话说，也就是有没有事业心，这不能有丝毫的强迫，……我急切地希望发现我所要探索的东西。”正是在科学兴趣和事业心的驱使下，经过长期努力，他和他的同事终于发现了“J粒子”，获得了诺贝尔物理学奖。有所作为是心理健康者的重要特征。

兴趣有促进学习、活化生活、驱动事业的三大作用，使人充满热情、活力和生机，成为心理健康的无尽源头。兴趣是多种多样的，有物质兴趣和精神兴趣，也有高雅兴趣和庸俗兴趣。经过耳濡目染、观察学习，家长的兴趣就会潜移默化地直接影响孩子特别是年幼的孩子的兴趣。从上面也可以看出，家长从小培养孩子各种积极的兴趣爱好对于保障他们的心理健康是多么重要。

六、家长的休闲方式

休闲是使人消除疲劳、恢复体力最有效和最符合生理要求的方法，合理的休闲是精力的源泉、健康的保证。有些人总认为休闲就是无所事事，但实际上这种休闲往往不是真正有效的休闲，而是消极的休闲。长时间的劳作会产生疲劳现象，倘若得不到休息，可能引起神经系统功能紊乱，导致失眠、神经衰弱等症。为了预防过早出现疲劳，工作或活动最好不要太单一化，以防止大脑皮层里的某一区域长时间地兴奋。如果让两种以上的活动形式不断地轮换，让大脑皮层有几个区域出现兴奋与抑制的交替，就会延缓疲劳发生。工作之余的休闲就有这样的积极调节作用。

休闲是生命活动的需要，是生存需要、享受需要和发展需要的综合体现。随着社会发展，现代人为完善生命过程、感受生活的价值，需要休闲；为讲究高雅情趣、享受生活乐趣、提高生活质量，更需要休闲。人们越来越意识到，提高生命质量，健康是关键，而健康应该让人在身体上、心理上和社会适应上趋于完好状态。

家长的休闲方式直接或间接影响子女的休闲方式。比如，在家庭娱乐中，下棋、栽花、欣赏音乐等是比较常见的方式；在网络娱乐中，网络游戏种类丰富但却非常容易成瘾；户外休闲中的野营、野餐烧烤、温泉浴、日光浴等让人们流连忘返；各种运动休闲使人们乐在其中；旅游休闲更能让人们陶冶性情。每位家长都可以根据自己的爱好、经济条件等因素选择合适的休闲方式。

不同的休闲方式可以产生不同的心理效应，不同程度地影响心理健康。

比如，轻柔悦耳的音乐能使人感到明朗欢乐、轻快活泼，从而激发人们追求美好事物的热情和意志。优美动听的音乐能很好地刺激人的神经系统，促进幼儿智力的发展，延缓老人大脑的衰老，甚至有助于恢复记忆。有研究表明，长期欣赏古典音乐的家庭，其成员多相处得和睦，彬彬有礼；而经常欣赏浪漫音乐的家庭，其成员多性格热情，思想活跃。

再比如，旅行不单单是一般的娱乐，研究表明它对心理健康有很好的影响。首先是对控制压力有帮助。美国心理学会的研究表明，外出旅行可以让人远离不安和担心的源头，帮助自己控制压力。其次是增加创造力。一项研究表明，旅行和激活大脑的想象力之间有很强的关联性，因为人们通过旅行可以体验新的事物和文化。再次是胸襟变得开阔。旅行，让人有更加开阔的视野和更宽广的胸怀。在某大旅游网站进行的社会调查中，四分之三的参与者回答说，通过去旅游，自己变得更加包容，更容易接纳他人的价值观，也培养了自己信任他人、接受他人的心态。最后是能深刻地感受到与他人之间的关联。美国康奈尔大学心理学教授托马斯·戈尔维奇博士20多年来一直在研究金钱和幸福的相互关系，他的研究结果表明，花钱买体验或经历的人比花钱买一般的东西的人更容易获得幸福感，更能强烈地感受到与他人之间的关联。

七、心理效应的应用

父母不应该受困于自身的文化水平，而应该理解孩子，应用合理方法，让孩子心中充满阳光，促进孩子心理积极发展。以下简要介绍几种心理效应在家庭教育中的应用。

1. 罗森塔尔效应

来源：1968年的一天，美国心理学家罗森塔尔和助手来到一所小学，说要进行7项实验。他们从一至六年级各选了3个班，对这18个班的学生进行了“未来发展趋势”测验。之后，罗森塔尔以赞许的口吻将一份“最有发展前途者”的名单交给了校长和相关老师，并叮嘱他们务必要保密，以免影响实验结果的准确性。其实，罗森塔尔撒了一个“权威性谎言”，因为名单上的学生是随便挑选出来的。8个月后，罗森塔尔和助手对那18个班级的学生进行复试，结果奇迹出现了：凡是上了名单的学生，个个成绩都有了较大的进步，且性格活泼开朗、自信心强、求知欲旺盛，更乐于和别人打交道。

心理效应：在心理学上，由于他人的期望和热爱使人们的行为发生与期望趋于一致的变化，称为罗森塔尔效应。

启示：罗森塔尔是著名的心理学家，在人们心中享有很高的威望。他提供的名单对老师们产生了暗示，影响了老师对名单上学生能力的评价，对学生产生了积极期望。这种期望通过老师的情感、语言和行为传递给学生，学生感受到这种期望，从而认为自己是聪明的、优秀的，提高了自信心，并提高了对自己的要求标准，于是不断努力，表现出良好的积极状态。

2. 南风效应

来源：法国作家拉·封丹有一则寓言，讲的是北风和南风比威力，看谁能把行人身上的大衣脱掉。北风首先使劲地吹，想把大衣卷走，结果行人为了抵御北风的侵袭，便把大衣裹得紧紧的。南风则徐徐吹动，顿时风和日丽，行人因为觉得很暖和，所以开始解开纽扣，继而脱掉大衣。结果很明显，南风获得了胜利。

心理效应：感人心者莫乎情，说服胜于压服，和风细雨有时强于暴风骤雨。

启示：将南风效应应用于家庭心理健康教育，特别是成长路上偶尔犯错的孩子，将产生神奇的力量。

3. 贴标签效应

来源：1937年，心理学家克劳特做了如下的实验：他要求人们捐赠慈善事业，然后对一部分参与者根据他们是否有捐献，贴上“慈善”或“不慈善”的标签，对另一些参与者则没有贴标签。后来再次要求他们做捐献时，那些第一次捐了钱并被标记为“慈善”的人，比那些没有被贴标签的人捐得要多；而那些第一次没有捐钱并被标记为“不慈善”的人比没有被贴标签的人捐得更少。

心理效应：当一个人被贴上某种“标签”时，他就会做出印象管理，使自己的行为与所贴的“标签”一致。

启示：不要给孩子贴上负面标签，以免将负面暗示和悲观情绪传给孩子。

4. 超限效应

来源：美国著名作家马克·吐温有一次在教堂听牧师演讲。最初，他觉得牧师讲得很好，使人感动，准备捐款。过了10分钟，牧师还在讲，他有些不耐烦了，决定只捐一些零钱。又过了10分钟，牧师还没有讲完，于是他决定一分钱也不捐。到牧师终于结束了冗长的演讲，开始募捐时，马克·吐温由于气愤，不仅未捐钱，还从盘子里偷了2元钱。

心理效应：超限效应是指由于刺激过多、过强或作用时间过久而引起极不耐烦或逆反的心理现象。超限效应反映了几个问题：以自我为中心；没有注意方式、方法；没能注意“度”的把握；没有换位思考。

启示：超限效应在家庭心理教育中时常发生。如：当孩子不用心而没考好时，有的父母会反复做同样的批评，使孩子从内疚不安到不耐烦最后到反感，被“逼急”了，就会出现“我偏要这样”的反抗心理和行为。因为孩子一旦受到批评，总需要一段时间才能恢复心理平衡，受到重复批评时，他心里会嘀咕：“怎么总这样对我？”孩子挨批评的心情就无法复归平静，反抗心理就会增强。可见，父母对孩子的批评不能超过限度，应对孩子“犯一次错，只批评一次”。如果非要再次批评，也不应简单地重复，要换个角度，换种说法。这样，孩子才不会觉得同样的错误被“揪住不放”，厌烦心理、逆反心理也会随之减弱。

第三章　孩子——心理健康教育的关键主体

一、胎教

简单地说，胎教就是通过孕妇对胎儿施加各种影响的活动过程。在这个过程中，孕妇是中介，孕妇与胎儿是一体的，胎儿是不断成长的；刺激影响是多种多样的，有积极的也有消极的；胎儿会以自己的方式对这些刺激做出反应。

1. 胎儿是不断成长发展的

整个胎儿期大体可以分为如下三个时期：胚种期、胚胎期和胎儿期。

一是胚种期（0～2周）。胚种期的胚胎受到致畸作用后容易发生损害，但较少发生畸形。

二是胚胎期（3～8周）。这是胎儿发育的关键时期，胎儿所有的身体结构组织和内部器官开始形成。如果此时有害物质进入胚胎，会产生永久的、不可逆转的损伤。这一时期也是胎儿发育的敏感期，最容易受到放射性、药物、感染及代谢性产物，以及胎内某些病变的影响，致使胎儿畸形，甚至导致早产、流产。这对孩子出生后的心理健康自然有着重要影响。

三是胎儿期（9～38周）。这一时期，胎儿身体的主要器官已经完成发育并且开始工作，所有的系统开始具有整体功能。12周大的胎儿，虽然有了外形特征，甚至男孩的阴茎开始形成，但从母亲外表上还不能感觉到胎儿的存在，因为此时的胎儿太小了，身高只有7.5厘米左右。第20周结束时，胎儿的活动越来越有力，多数母亲可以感觉到胎动了。到了21～24周，胎儿的脑细胞形成，出现听觉，能分辨各种声音。到了25～28周，胎儿的大脑皮层功能开始分化，开始指挥视觉、听觉、嗅觉的活动，神经联系比较复杂，可以哭喊、呼吸、吞咽、消化、排泄、移动等。到了29～32周，胎儿对外界的声音更加敏感，噪声使胎动增多，母亲的心跳声使他安静。到了33～38周，胎儿继续从母血中接受抗体，这些抗体使他们免于许多疾病。临近出生时，胎儿能明显受母亲的情绪的影响，其活动随着母亲每日的节律而发生变化。

2. 影响胎儿发展的因素

影响胎儿发展的因素是多种多样的，大体上可以分为遗传因素、母亲因素和环境因素三类，以下重点介绍母亲因素和环境因素。

一是母亲因素。

就母亲自身条件而言，身高、体重、营养、年龄和孕史等都有较大的影响。

就母亲的疾病而言，许多疾病能够穿过胎盘屏障，它们对胎儿的伤害远远大于对母亲本人的伤害，因为胎儿的免疫系统还不能产生足够的抗体来有效抵抗各种感染。这些疾病包括传染性疾病、妊娠高血压、妊娠糖尿病、妊娠甲状腺疾病和孕期口腔疾病等。

就母亲的不良情绪和行为而言，孕妇情绪紧张、愤怒、恐惧、焦虑等不良情绪可使母体的交感神经兴奋，分泌的激素和有害的化学物质剧增，并通过胎盘影响胎儿大脑、躯体和智力的发育。

就母亲的不良习惯而言，孕期吸烟一般会导致婴儿低体重，严重的还将导致早产、流产、死胎以及儿童时期癌症等严重后果；孕妇酗酒可造成胎儿发育障碍，进而导致孩子长大后注意力不集中、出现学习和运动障碍、情绪失控和判断力不足；哪怕只是少量饮酒，胎儿也会受到影响。孕妇过多饮用咖啡可能造成胎儿生长缓慢、瘦小，严重者还会导致流产、早产和死胎。至于孕妇吸食毒品对胎儿的危害就更大了，成瘾孕妇生下的孩子也会成为“瘾君子”，而且会极大地影响胎儿的身心发育，造成孩子未来长久的行为问题。

所以，从心理健康的角度看，孕妇为胎儿的成长发育提供健康、良好的母体，保持积极乐观的情绪，坚守积极健康的生活方式极其重要。

二是环境因素。环境因素主要包括物理因素和化学因素。

就物理因素而言，主要有辐射、噪声、超声波、高温等。

辐射包括电离辐射和电磁辐射。电离辐射包括环境中的放射性物质和医疗过程中的X射线辐射等，对胎儿的影响包括基因突变及染色体畸变、宫内或出生后生长迟缓、宫内死亡及流产、新生儿死亡或先天畸形等，病变严重的程度与所受辐射剂量及受辐射时的妊娠周数有关。电磁辐射是电磁场的一种，对胎儿发育有影响的电磁辐射源主要有手机、电热毯、加热床、电源线、视频显示终端（VDT）及其他职业性电磁辐射接触。当这些辐射的剂量积累到超过临界值时，如果是在胚胎形成期受到辐射，有可能导致流产；若是在胎儿神经系统发育期受到辐射，可能导致婴儿智力低下。总体看，妊娠早期受到辐射的危险比妊娠中晚期大得多。

噪声泛指嘈杂、刺耳的声音。孕妇长期接触噪声，会影响胎儿的正常听力和智力发育，还可能导致流产、早产。

此外，电离辐射、高温（如盛夏中暑）等都可能会对胎儿产生不可逆的损害。

就化学因素而言，铅、汞等已经被证实对胚胎与胎儿发育有害。

铅是公认的致畸剂，职业性铅接触、汽车尾气以及苯、甲苯、二甲苯等房屋装饰材料是铅污染的主要来源。如果孕妇长期暴露于铅污染中，易导致新生儿体重过低、发育迟缓、智力低下，并带有各种身体缺陷。

汞元素是一种被人类广泛接触的对中枢神经系统有潜在毒性的重金属元素，它可对胎儿正在发育的大脑和神经系统产生不利影响。在胎儿期接触甲基汞的儿童的认知思维、记忆、注意力、语言，以及良好的运动和视觉空间技能都可能受到影响。

孕妇患病时服用的药物可能对胎儿产生不利影响，如四环素可使胎儿骨生成延缓及牙釉质发育不全；链霉素可使胎儿听功能减退；抗癫痫药和安定可使胎儿慢性中毒，产生中枢抑制和凝血功能障碍。特别是头3个月胎儿生长发育极其迅速，此时孕妇用药不当可造成胎儿畸形，务必在医生指导下选用比较安全的药物。

3. 胎儿以自己的方式对内外刺激做出反应

许多父母都有一个疑问：胎儿是否具备相应的能力以接受胎教？据研究，胎儿的能力主要有反射能力、感觉能力、记忆能力等，这些能力使得胎儿具有接受胎教的可能。

一是反射能力。反射是神经系统最基本的活动方式，也是心理活动的基本方式。反射分为本能性的无条件反射和习得性的条件反射，胎儿只有无条件反射。比如，3个月的胎儿已经出现吸吮反射、抓握反射及巴宾斯基反射。

二是感觉能力。首先看视觉，胎儿的视觉发育较晚，主要与胎儿在子宫内缺少光线刺激有关，从怀孕第4个月起，胎儿对光线就十分敏感了。现代医学用超声波观察发现，用电光一闪一灭照射孕妇腹部，胎心率即出现明显变化。其次看听觉，这是胎儿各种感觉中最为发达的。4个月胎儿的听觉系统已经建立，6个月胎儿的听力已较为完善，8个月胎儿能够区别声音的种类，听出音调的高低、强弱，能分辨出母亲或父亲的声音，并对较低频的父亲的声音更敏感。从这个意义上看，父亲在胎教上的作用是需要加强的。此外，胎儿的触觉、嗅觉和味觉都得到了一定发展。

三是记忆能力。胎儿的大脑在第20周左右形成；5个月时，脑的记忆功能开始工作；7～8个月时，大脑皮质已经相当发达；8个月末，大脑已如新生儿。有实验研究证明，8个月左右的胎儿已经有了听觉记忆。心理学家李虹在胎教音乐对胎儿影响的实验研究中发现，接受胎教音乐组胎儿出生后显示了对音乐的偏好，这是对音乐刺激的再认能力，说明胎儿后期已有听觉记忆了。

基于以上分析可知，胎教的根本在于胎儿所具有的各种能力以及孕妇所能提供的良好环境。胎教的形式非常多，比如音乐胎教、抚摸胎教、言语胎教、光照胎教等等。胎儿有了健康的身心，就为出生后的心理健康提供了良好的基础。

二、幼儿心理发展

可以说，“3岁看大、7岁看老”是历久弥新的幼儿教育理念，这一理念在心理健康教育中很有价值。

从发展心理学的角度来讲，幼儿心理发展存在敏感期或关键期，这个敏感期或关键期的发现有个有趣的来历：奥地利动物行为学家劳伦兹在研究小鸭、小鹅的习性时发现，它们通常对出壳后第一眼看到的活动对象产生追随反应，把它当作自己的“母亲”，这种现象叫“印刻”。印刻现象有3个特点：一是印刻现象的形成有一个临界期，孵化后24小时之内才能形成，超过这个期限就不能形成；二是印刻现象的效果是持久的，一经形成就不再改变，即有一种不可逆性；三是印刻现象的形成不需要食物等条件强化，一次就可形成。后来，美国心理学家斯科特把临界期这一概念扩展到一般学习上，认为临界期有3

种：一是早期刺激作用的最适宜的时期，二是最适宜学习的时期，三是基本的社会关系形成的最适宜的时期。斯科特把临界期扩展为学习的敏感期、关键期是很有道理的。

我国心理学家莫雷提出心理关键期具有潜能闪现、机能敏感和机能特效3个特征。潜能闪现是指心理机能如果得不到及时的适宜刺激、错过关键期即永久地消失而无法恢复到正常水平，印度“狼孩”就是这方面的典型事例；机能敏感是指在关键期易形成、效果好，如若错过则需要多得多的努力才能形成；机能特效是指有的心理机能若在关键期形成，对个体以后的发展有特别重要的意义，若推后形成则对其整个发展有消极影响。

奥地利精神分析大师弗洛伊德认为个体人格发展可以划分为5个阶段，其中前3个阶段（0～6岁）的发展状况对个体一生的发展有着关键作用。这个就是弗洛伊德的早期经验决定论。

1964年，美国心理学家布卢姆根据自己对1000名被试对象的跟踪研究，提出智力发展假说。他认为如果与一个人以17岁的智力水平对比，那么5岁之前就可以达到50%，5～8岁又增长30%，剩余的20%是在8～17岁发展的。在布卢姆看来，幼儿时期的智力发展是至关重要的。

人格和智力构成了一个人心理状况的主要面貌，它们的发展水平和状态对个体的心理健康状态有着极其重要的影响。综合弗洛伊德的早期经验决定论和布卢姆的智力发展假说可知，幼儿时期的心理健康状态将对其一生产生不可磨灭的影响。

幼儿在几个敏感期的心理发展，都将对他们的心理健康产生显著作用。

自我意识敏感期。在两三岁后，孩子已经可以独立行走，思维和语言能力都得到了进一步的发展，具备了表达自我、认知世界的能力。因此，当孩子按照自己的意识开始探索世界的时候，就希望自己的独立行为不受到限制和干涉，否则就会寻求自我保护或者反抗。此时的孩子对阻挡其发展自我的行为是非常敏感的，如果父母制止，孩子就会强烈地反抗并大声哭闹。须明白的是，当孩子说“我自己来”“我的”的时候，就表明孩子开始意识到自己具有影响人和环境的力量——这是孩子心理发展的第一次飞跃，是独立性和自信心发展的好时机。独立性、自信心正是心理健康的重要内容。

人际关系敏感期。三四岁的孩子开始对人际关系更加敏感。他们在与伙伴的交往过程中，会产生一对一的相互交换食物和玩具的交流方式。随着孩子不断地与小朋友接触，交往的内容不再局限于互惠的食物、物品，而将扩展到彼此之间的信赖和情感的传递。再大一点的孩子会发现，交朋友的一个重要标准是因为他们有相同的兴趣和爱好，到达这种状态的时候，孩子就能发现，他和伙伴之间的关系，有了一种心理和谐。人际心理和谐也正是心理健康的重要标准。

性别敏感期。在四五岁时，孩子开始对人的身体特别是异性的身体表现出明显的兴趣，这是孩子进入性别敏感期的标志。

一般来说，孩子的性别观念是3岁之后产生的。当性别观念产生之后，孩子会发现男性和女性之间的差异，比如衣服、发型、嗓音、举止和性器官等。对于同一事物，比如性器官，幼儿的理解和成人的理解明显不同。在成人眼中，这包含很多世俗的、道德的内容；而对于幼儿来说，他（她）是在客观地认识世界，这只是他（她）众多认识对象中的一个，没有任何感情色彩，反而是因为大人的神秘、不作正面解释，让孩子对此更加好奇。其实，对于这个阶段的孩子，性器官和眼睛、嘴巴一样，他只是好奇，为什么男孩和女孩的不一样，家长只要用科学的方式向他（她）解释，就像教孩子认识眼睛、嘴巴一样去认识他（她）的性器官，一旦他（她）理解了，自然就会对此失去兴趣。

孩子对于生理性别的认识一般比较容易，能够明确地知道自己是男孩还是女孩。但是，他（她）还需要在心理上理解性别的概念，理解自己在社会中扮演的性别角色，这个就是性别和性别角色认同。家长要充分尊重孩子，让孩子自然地发展性别角色，在日常生活中，还要充当性别角色的榜样，让孩子从父母身上获得一些关于性别角色的认知，保证心理性别与生理性别在认同上的一致性，这会对孩子产生终生的影响。

随着社会的发展，性别角色已经呈现出一定的中性化趋势，严格地限定性别角色也是有害的，男性化和女性化是同一程度上相对的两极，人本身就呈现双性化。因此，在性别认同正常发展的前提下，父母不宜过多地限制孩子的爱好，以免阻碍他们人格的健全发展。

社会规则敏感期。根据瑞士心理学家皮亚杰的观点，从5岁开始，孩子进入他律道德阶段。这个阶段的孩子具有强烈的规则意识，他们逐步认识到规则是由权威人物制定的，并把遵守规则看作神圣不可侵犯，认为服从规则就是“好”，不听话就是“坏”。在这一时期，孩子看待行为有绝对化的倾向，在评定是非时，总是抱极端的态度，或者完全正确，或者完全错误，还以为别人也这样看，不能把自己置于别人的位置看问题。

实际上，皮亚杰认为孩子对规则的认识存在3个主要的年龄阶段：第一个阶段，规则还不是遵守义务的社会规则，孩子常常把自己认定的规则与成人教给的社会规则混在一起。第二个阶段，规则是以片面的尊重为基础的强制性规则，孩子认为规则是外加的、绝对不能变的。第三个阶段，规则是彼此商订的、可变的，关键是要合理，孩子之间一旦确定了规则，就有义务遵守它。

5岁孩子对于规则的认识正处于第二个阶段：他认为规则是不可以改变的，如果有人强迫他改变规则，他就会觉得痛苦而难以接受。面对拥有这一规则意识的孩子，如果父母强迫孩子去做一些他认为不符合规则的事情，很可能会对他的心理造成伤害。从这也可看出道德发展与心理健康有着密切的关系。

三、第一反抗期

第一反抗期也称执拗敏感期，三四岁的孩子在很多方面表现为与父母作对，如果父母拒绝他，孩子就会变得非常烦躁，哭闹不止。这个时期的孩子有一个明显的特征：凡事都要听他的。

为什么孩子会在执拗敏感期表现得性格急躁、乱发脾气呢？父母想要和这个时期的孩子和平相处，就应该了解形成执拗期的原因，了解孩子的心理变化和心理需要。

首先，因为孩子自我意识的增强，他会发现自己与世界并不是一体的而是分离的。随着生活范围的进一步扩大及探索能力的不断提升，孩子就会发现，自己能控制的事物越来越多，就会体验到自我的强大力量，从而敢于向父母“挑战”。

其次，因为这个年龄阶段的孩子的思维是直线型的，在孩子的眼中，世界上的事物是以不变的秩序存在的。孩子在做某些事情的时候，他的头脑中会形成预先的设想，假如这些设想被人打破，他就会特别生气。

再次，因为孩子心智发育还不成熟，情绪控制能力还比较弱。他们一旦感到自己的心理需要没有得到满足，就会用直接的方式比如哭闹甚至是攻击表现出来。

对待孩子的执拗和反抗行为，父母一定要合理疏导，只要不是原则性的问题就尽量满足孩子的要求，让孩子顺利度过这一时期，切忌用暴力使孩子屈服，否则父母的暴力行为会在孩子的身上延续，大人怎样对待他，孩子就会怎样对待别人。

总之，面对孩子的第一反抗期，父母一定要做好准备，这样才能从容地引导孩子，保证孩子的心理健康。

四、婴幼儿情绪的发展

1. 情绪是什么?

这是家长们都非常熟悉的心理现象，但表述出来可不太容易，我们可作如下界定：情绪是个体对客观事物是否符合需要产生的体验以及相应的行为反应。情绪是包括主观体验、生理唤醒与行为反应的心理过程。

情绪首先是一种主观体验。“人非草木，孰能无情？”各种情绪，比如喜悦、愤怒、悲伤、恐惧、苦恼、郁闷等，人人都有过切身的体验。这些体验基于客观事物与人的需要之间的关系，需要得到满足就会引起积极的情绪，得不到满足就会产生消极的情绪。

情绪有相应的生理唤醒。情绪出现后，个体就会产生一系列的生理反应。这些反应主要包括心率、血压、血容量、肌电、脑电、皮肤电方面的变化，以及体温、呼吸、内外分泌腺等功能的改变。它们是情绪变化的客观表现，成为测量情绪的生理指标。意识往往难以控制情绪的生理反应。研究表明，不同情绪状态存在着不同的生理反应模式。

情绪还有相应的外部行为。情绪通过人的面部、体态、言语等表现出来即为表情，它以有形的方式体现着情绪的内在体验，成为人际交往和沟通的重要工具，是了解情绪主观体验的一种指标，表情的识别是社会认知的重要内容。

2. 情绪的表现形式

情绪的表现形式复杂多样，从与人的内在需要关联的角度看，可以认为快乐、愤怒、恐惧、悲哀是情绪的基本表现形式，其他各种复杂情绪都是在这些基本情绪的基础上演化、派生而成的。

快乐是个体满足需要、实现愿望、达到目的时紧张解除后产生的情绪。快乐的强度与达到目的的艰难性、偶然性有关。一个目的越是难以达到，达到后的快乐体验就越强烈；目的极为重要，并且是意外地达到，则会引起极大的快乐。快乐从强度上可以区分为满意、欣喜、欢乐、大喜、狂喜等。

愤怒是个体愿望得不到满足、实现愿望的行为一再受到阻挠引起紧张积累而产生的情绪。愿望受阻就是遭受挫折，当个体明白挫折的原因时，通常就会表现出愤怒的反应，对象明确的愤怒往往诱发攻击行为。个体如果弄不清是什么阻碍他达到目的，一般只会感到沮丧而不会感到愤怒。愤怒从强度上可以区分为不满、生气、愠怒、大怒、暴怒等。

恐惧是个体企图摆脱、逃避某种情境时产生的情绪，这种情绪往往是由于个体缺乏掌控情境的能力所引起。比如，在遇到地震等重大自然灾害时，人们无力应付，往往就会惊恐万分。恐惧比其他情绪更具有感染性，一个人的恐惧往往会引起其他人的恐惧和不安。恐惧从强度上可以区分为不安、忧虑、害怕、惧怕、惊恐、惊骇等。

悲哀是个体失去某种他所重视的和追求的事物时产生的情绪。失败、分离会引起悲哀。悲哀的强度取决于失去的事物对于个体心理价值的大小，心理价值越大，引起的悲哀就越强烈。悲哀从强度上可以区分为失望、难过、悲伤、哀痛、惨痛、绝望等。

3. 婴儿情绪的发展

这里侧重分析快乐和恐惧。

首先是快乐。婴儿的笑是快乐的表现，其发展可以分为以下3个阶段：①自发性的微笑，新生儿常常在没有外部刺激的情况下发出笑声，这是自发性的笑，是内源性的笑。②无选择的社会性微笑，婴儿在5～6周时表现出对人特别的兴趣，成人的声音和面孔容易引起婴儿自发的社会性微笑，一直到3个半月，婴儿对所有人的笑都是一样的。③有选择的社会性微笑，4个月以后，婴儿出现有差别的、有选择的社会性微笑，这时会出现对抚养者的依恋，也会表现出对陌生人的焦虑。

其次是恐惧。婴儿恐惧情绪的发展大致经历以下几个阶段：一是本能的恐惧，这是一种自出生就有的本能反应。二是与知觉经验联系的恐惧，大约从3～4个月起，曾引起不愉快经历的刺激会激发婴儿的恐惧情绪。三是对陌生人的惧怕，大约从6个月起，婴儿出现“认生”现象，见到陌生人会哭泣或回避，立刻寻找或抱紧妈妈。一般到1周岁时会消失，也有持续到2～3岁的。

4. 幼儿情绪的发展

总体看，幼儿情绪具有冲动性、不稳定性、外露性的特点，但是随着年龄的增长、脑的发育和言语的发展，他们的情绪不断丰富，稳定性逐步提高，且有不断社会化的趋势，情绪的调节控制能力也逐步加强。

第一是快乐。快乐是幼儿在没有压力的情况下自发或受到积极刺激时表现出的情绪。快乐对幼儿生活有重要意义，快乐的笑容是最有效的社会性刺激，是人际关系的一条纽带；快乐与成就感直接联系，快乐中包含着力量和信心的体验，快乐也是一种动机力量；快乐使幼儿感到轻松自如，有益于身体健康，有助于形成乐观、开朗的性格；快乐的情绪能支持幼儿游戏、操作和学习等各项活动，是智力活动的最佳情绪背景。

第二是痛苦和悲伤。两者一般是同步发生的，哭是它们的表现。幼儿随着语言能力的发展，自我控制和掩饰内心痛苦与悲伤的能力逐渐形成，哭的行为将会减少。如果发生莫名其妙的啼哭，可能是生病的先兆。分离是最基本的引起痛苦的原因，幼儿在父母离开后，有被抛弃之感，表现出强烈的痛苦体验。痛苦是一种消极性情绪，在幼儿体验痛苦时，父母和老师不应加以斥责或惩罚，否则幼儿将体验双重痛苦，与成人感情疏远，失去希望，形成不良性格。当然，对体验痛苦的幼儿，也不应一味怜悯和安慰，否则他将会形成依赖，变得软弱，不能应对造成痛苦的事件。

第三是害怕。害怕是因受到威胁而力图逃避的情绪。害怕对幼儿是有伤害性的，具有压抑作用，使幼儿退缩和逃避，形成胆小和怯懦等消极特征。成人切不可吓唬幼儿，应该向幼儿说明引起害怕的对象和原因，以减轻幼儿的恐惧感。在不可避免的威胁面前，如打针，要帮助幼儿忍受打针的痛苦而尽量减少害怕的成分；还可以通过解释来帮助幼儿克服恐惧，如怕黑、怕动物等，鼓励他们应对这些情境，而不是退缩。

第四是愤怒。愤怒是一种紧张而不愉快的情绪。幼儿在愿望得不到满足、身体的活动受到限制时都会产生愤怒，长期持续的痛苦也会激起愤怒。强烈的愤怒会引起攻击行为，导致破坏，但是有时愤怒中也包含自信成分，能使活动更为有效。因此，对于幼儿的愤怒也要辩证对待，以利于幼儿的心理健康。

总之，婴幼儿情绪的积极发展既是心理健康的必要基础，也是心理健康的重要内容，对他们的各种情绪都需要认真加以对待。

五、学习习惯

英国思想家培根说：“习惯是人类的主宰。”可以说，习惯直接影响人的一生。习惯有好坏之分，好习惯是好帮手，推着人们前进；坏习惯是负担，拖累人们直至失败。由此可见习惯多么重要。

1. 良好的学习习惯是取得学业成就的基础

学习习惯的培养是一个亘古常新的课题。学习习惯是指在学习过程中经过反复练习形成的、并发展成为学生需要的自动化学习行为倾向。作为影响学习成就的重要因素，良好学习习惯的养成有着重大意义。

每一个满怀信心的家长都想把孩子培养成为一个坚韧、勤勉、律己、开放的人。事实证明，良好的意志品质是成功的前提，这当然也包括家长们关心的学习活动。实际上，每一个在学习中遭遇失败的孩子往往都是不良学习习惯的牺牲品。

我们身边，很多冷静、干练的人都处变不惊、临危不乱，一路披荆斩棘，把自己的事业打理得有声有色。可是，他们在孩子面前，有时也表现得力不从心。比如这样的抱怨就比较常见："我不明白为什么会这样，我们的智商都不低呀，给孩子创造的学习条件也没的说，可他的学习就是上不去。"事实上，对这样的问题我们很难找到满意的答案，因为我们一直面对的不可否认的事实就是：每个孩子都是独特的，每个家庭也是独特的。所以，家长们没有必要过多比较，担心孩子与同事的孩子在学习方面表现出来的差距，或者因为孩子一次考试成绩低于预期而大发雷霆或生闷气。那样的话，往往只会让孩子的表现与自己的期望越来越远。

实际上，每一种学习方面表现出来的看似智力性问题，往往都与学习习惯等意志品质的培养紧密相关。良好学习习惯的养成是一个缓慢的过程，不良学习习惯的纠正更是一个漫长的过程，或许正是因为其缓慢或漫长，才容易被人们忽视。下面通过两个小故事来说明如何克服不良学习习惯、如何养成良好学习习惯。

2. 两个小故事带来的启示

"我们常常不知道自己应该做什么，高考的压力始终像一块大石头压在那里，我不知道自己的努力会不会有自己想要的结果，压力没有给我动力，真的，我的信心总是那样不稳定，今天想好好学习，明天就又泄气了……”“我觉得自己是没有希望的，因为我很明白自己的缺点是没有恒心，但是我的心都浮了，一坐下来就烦！”

以上两种表现可能不少学生都有，因为对于大多数学生来说，惰性始终是如影随形的，你又怎么能够指望一个馋嘴的孩子守着一盒巧克力而无动于衷呢？至于不能坚持而使学习陷入困境的，往往正是这种惰性的结果。事实上，很多成绩平平的孩子并不是领悟、理解能力差，而是缺乏毅力与恒心。相反，很多在各方面都很优秀的孩子往往是有恒心、勤奋之人，而不是我们想象中的“天才”。

另外有一个“3只小闹钟”的故事：有一只新的小闹钟放在了两只旧钟的中间。两只旧钟“滴答”“滴答”一秒一秒地走着。其中一只旧钟对新钟说：“来吧，你也应该工作了。可是我有点担心，你走完3200万次后，恐怕就吃不消了。”“天啊！3200万次！”新闹钟吃惊不已，“要我做这么大的事情，办不到的呀！”另一只旧钟说：“别听他胡扯。不用害怕，你只要每秒钟‘滴答’走一下就可以了。”“天下哪里有这样简单的事情？”新闹钟将信将疑：“如果是这样，我就来试试吧！”它很轻松地每秒钟“滴答”走一下，不知不觉中，用了一年多一点点就完成了3200万次。

每个人都渴望梦想成真，但成功似乎远在天边，遥不可及，倦怠和不自信让孩子们怀疑自己的能力乃至放弃努力。其实，家长可以告诉孩子，大可不必想以后的事情，只要想着今天自己要做些什么、明天应该做些什么，然后努力去完成，就像那只新闹钟一样，每秒钟走一下，成功的喜悦终究就会到来。

3. 专注力的培养

孩子在学习中另一种常见现象是“三心二意”。

人的精力是有限的，如果不能集中精力去学习，而是漫无目标，最终必难有所成。精力一般有两层含义：一是指在学习或做某件事时，注意力高度集中，不被其他事物分散；二是指在长期的学习生涯中，注意力的指向始终如一，一心向学，并且有所侧重。

做任何事情都要专心致志，不可三心二意，学习尤其如此。战国大儒孟轲小的时候，有一天，他在书房读书，他的母亲在一旁织布。读着读着，孟轲突然停了下来，过了一会儿又继续读。他的母亲听见了，就把他喊到面前问道："你为什么读着读着不读了呢？"孟轲回答说："刚才突然忘了读到哪里了。"他母亲听了，一刀把刚才已经织好了的布截成两段，以此来训诫儿子。从此以后，孟轲再也不会三心二意了。

孩子注意力不集中、不专心的表现和原因虽然复杂，但是并不难了解和把握。在所有的学习习惯里，一心向学是最重要的。有了这个学习习惯的总开关，学习方面的成就动机就能得到很好发展，自我满足感就可以稳定在较高水平上，由此引发的积极心理健康状态就将成为学习的良好基础。

六、第二反抗期

人的一生会出现两次反抗期，幼儿期的反抗期是第一反抗期，第二反抗期出现在12～18岁的"心理断乳期"，即青春叛逆期。这时的孩子在生理上和心理上都发生急剧的变化，他们反感和讨厌父母的管教，甚至在行为上也有所表现，极易产生"逆反心理"。国外有心理学家称之为"为从父母的束缚中解放出来而战斗"的时期。这一时期常见的心理行为表现有哪些？原因又是什么呢？

一是偏执。这种行为主要表现为孩子比较认死理，只要是自己认定的事情，就不会轻易改变。如果别人与自己想法、做法不同的话，一定是别人错了。所以，这一时期孩子做事倾向于绝对化，很容易走极端，还不听别人的劝告。

青春叛逆期的孩子侧重于感性思维，喜欢凭感性做事，因此，比较容易出现做事偏激、固执的情况，有时还会做出一些冲动的事情。比如，一个同学考试没考好，他就觉得十分丢人，感觉大家都在看他、议论他、笑话他。其实，这就是他自己的思想太过偏激了。如果理性一点思考，就会明白：如果有同学一次没考好，自己会不会整天关注他呢？只要能这样想，心结就能打开，也就不再偏执了。

偏执的孩子心里总会有莫名的烦恼，须向人倾诉，需要的就是心理上的开导，而家长无疑可以成为很好的倾诉对象。另外，多听听孩子的想法，对孩子的行为多一些理解和积极的暗示，这样可以和孩子靠得更近一点，才有机会和孩子更好地沟通，从而找出解决问题的办法。

二是情绪化。孩子进入青春叛逆期以后，情绪变化非常快，而且常常是一段时间非常低落，对什么都不愿意理睬，但是过后又像变了个人一样，又变得阳光爱笑了，也不会动不动就生气了。这种情绪化的表现经常出现在青春期的前期，就是心理学上所说的情绪周期，也称情绪生物节律，它反映了人体内部正常的周期性张弛规律。

青春叛逆期孩子的情绪主要有3个特点：一是情绪体验迅速，情绪不稳定，来得快去得也快；二是情绪明显呈现两极性，情绪活动很容易从一个极端转换到另一个极端；三是情绪反应强烈，理智控制作用减弱，容易做出不计后果的过激行为。

三是冷漠。一方面，青春叛逆期孩子有以自我为中心、喜欢自作主张、不听规劝、不服管教等行为，在和家长的相处中这种表现尤为明显，有的是直接和家长对抗如吵架等，也有的用沉默来对抗，对待家长的态度总是冷冰冰的。另一方面，大多数家长平时都很关心孩子的衣食住行，自己也感觉对孩子的关爱无微不至，但是往往忽略了对孩子情感的关注。这将导致家长和孩子之间的对话减少，曾经缠着家长不放的“暖宝宝”成了若即若离的“冷宝宝”。这样的现象之所以会发生，家长忽略了孩子的成长、忽视了孩子情感的需要是重要原因。这个时期的孩子会有很多烦恼和心事，如果无人可倾诉，孩子就会一直憋在心里，就会变得压抑以至于冷漠。家长能做的就是主动关心孩子的情感需要，善于走进孩子的情感世界，积极帮助孩子排忧解难，助力孩子开朗、快乐起来。

四是孤独与自闭。孤独与自闭往往结伴同行，因为孤独而自闭，而自闭又导致了孤独。很多青春叛逆期的孩子会发出这样的感叹：“为什么就没有人能理解我呢？我好孤独呀！”他们的孤独和自闭一般表现为情绪低落、悲观、厌世，严重的自闭可能导致自杀。所以，当孩子出现孤独、自闭的倾向时，家长应该高度重视，有效地和孩子沟通，尽快走进孩子的内心世界，把孩子拉回到阳光下。

心理学上有一个布朗定律，说的是一旦找到了打开某人心锁的钥匙，往往可以反复利用这把钥匙打开这个人的其他心锁。也就是说，对于孩子的自闭现象，只要找到了问题的根源，其他问题也会迎刃而解。比如，孩子因为升学压力导致学习焦虑，继而产生自闭现象。这种情况下，家长就要想方设法打开孩子的心扉，找到这个根源，然后开导、安慰孩子，帮助孩子消解心理压力。当然，如果自闭过于严重，家长还是要及时带孩子去看心理专科医生。

五是虚荣。进入青春叛逆期以后，孩子的自尊心增强，社会比较（与他人比较）明显，获得他人认可和尊重的愿望变得强烈起来，他们甚至不满意自己的状态，想方设法来标榜自己、抬高自己，进而达到“超越”他人的目的。另外，青春期性心理的发展，可能也滋长了他们的虚荣心。一些少男少女为了增强对异性的吸引力以及在同性中的优越感，也容易爱慕虚荣。主要有以下3种表现：一是衣食住行追求名牌，以此来显示自己家的经济实力和所谓的品位；二是吹嘘自己或家长，以此来抬高自己的身价，显示自己的地位；三是争强好胜、不服输，如果在比赛或竞争中输了，就会找理由或者贬低对手，确保自己的胜利者姿态。

渴望得到他人的认可和尊重，这是正常的、自然的，也是美国心理学家马斯洛所说的人的一种基本需要。但是，如果虚荣心过强的话，就会影响到孩子的心理健康，进而影响到学习和发展，甚至毕生的生活。因此，家长一定要以身作则，帮助青春叛逆期的孩子消解虚荣心理，促进其健康成长。

七、性心理

在家庭心理健康教育中，性心理既是一个重要的内容，也是一个相对麻烦的问题。说重要是因为性心理健康本身就是心理健康的组成部分，而且是青春期学生必须面对的人生课题；说相对麻烦是因为许多家长羞于对孩子进行性心理教育，而且他们也不懂怎么教育，甚至认为“无师自通”即可，或担心“诱发论”，或认为没必要，等等。

性心理的发生和发展一般会经历几个阶段。

1. 婴幼儿性心理

弗洛伊德认为，能引起人体器官快感的就是性欲，据此他提出了口唇性欲——吸吮母亲乳头和自己手指获得快感、肛门性欲——排泄大小便获得快感的观点，这正是婴幼儿性心理的表现。实际上，有的男婴在哺乳时出现阴茎自发性勃起的现象，一些婴幼儿有意无意摸弄生殖器，做一些夹腿动作，更是他们性意识的萌芽现象。青春期以后，性欲才和生殖器功能联系起来。正因为这样，家长对孩子性心理萌芽必须给予足够重视，不仅要从生活上给予精心的关怀和照顾，而且要给予情感上的爱，满足他们的情感需要。

婴幼儿在心理上对性发生兴趣主要是在3～4岁。此时，他们的兴趣和快乐出现在生殖器方面，即通过认识自己的身体器官而产生性别意识，识别“男”“女”。

婴幼儿性心理的发展一般来自两个方面：父母或其他成人对性所持的态度和婴幼儿自身的游戏活动。

首先，父母或其他成人对性所持的态度对其性心理的发展将产生重大影响。对孩子关于“性”问题的疑问应作客观、坦诚、耐心的答复。如果拒绝回答或禁止讨论，将给他们心中留下“性为不洁或邪恶”的印象，因而产生神秘、羞耻或罪疚的消极情感，进而影响其对性心理功能的正常认知。儿童在早期对“性”所持态度对其今后的人格发展影响很大，它关系到与异性交往的态度、性别认同和爱情心理等。其次，婴幼儿的游戏活动对其性别特征的形成非常重要，他们通过游戏就可以学会社会所认可的具有男性或女性特征的态度和行为。

2. 儿童性心理

儿童在性欲方面处于一个相对静止的阶段，可是，他们对性的功能仍有较大兴趣，会相互进行身体方面的探索，并喜欢讨论相关的性问题。但是，儿童对于性的关心只是由于兴趣和好奇，对性的概念还很模糊。比如，他们看电视、电影或书籍，可能会向家长提出这样一些问题：“我是从哪里来的？”“他们为什么要拥抱？”“他们为什么要亲嘴？”等等，这些都不是与他们自己性欲直接相关的问题，家长无须感到不安，也不要认为孩子有问题，这些只是他们求知欲的表现而已。家长只需适时指导、正确解释，保证孩子性心理的健康发展。

3. 青少年性心理

进入青春期的青少年，伴随着性激素的分泌，性心理快速发展起来。他们除了关心自己的身体变化，也非常关心异性的变化。他们的性心理发展过程大致是：拒绝接受异性→同异性交往→同异性的接近与接触→异性群体交往→单一异性交往。正是通过这样的交往发展，他们与异性的接触从笼统到具体，从群体到个体，从好感到可能的爱情。男性性成熟的心理特征包括钟情心理、自我表现心理、紧张心理等，女性性成熟的心理特征包括怀春心理、选择心理、盲目的成熟感等。

青少年性心理发展的差别。男女青少年在性心理发展上有较大不同。男生的性成熟比女生稍迟，但更为迅猛、更容易产生性冲动，色情兴趣、性幻想和性向往也更强。女生则更看重亲密情感，要求在心理上、感情上与男生亲近，对性行为谨慎。男女两性在性心理发展上的差异，既有生理方面的原因，如激素水平，也有文化传统的原因，如处于支配地位的性观念。另外，同一性别在性心理发展上也存在差异，成熟早晚、性欲强度、表现方式等方面均有不同，这与每个人的个性特点、生活环境有关，是各种因素协同作用的结果。

青春期与性行为。首先，青春期有丰富的性心理表现，如对性知识的渴望、对异性的爱慕、性欲望、性冲动、性行为等，其中，广义的性行为包括手淫、性梦、性幻想等自慰行为。其次，青春期可以有美好的恋爱。有研究者认为健康的恋爱心理应包括以下几个因素：动机单纯、情感一致、心理相容、思想相依。再次，青春期存在纠结的婚前性行为。我国青少年婚前性行为增多是不争的事实，而且无论出于哪种原因，都会给青少年的心理造成极大的伤害，甚至酿成悲剧。婚前性行为的心理因素很复杂，如心理冲突、心理困惑、情感变异等等，但婚前性行为像恋爱的小偷，不可随便尝试，宜耐心守候美好的爱情。

青春期常见的性心理问题有：一是性成熟带来的性困惑，比如有的青少年由于缺乏基本的性心理学知识，对自己在闲暇时和入睡前的性幻想不能接受，反复谴责自己，又唯恐他人发现自己的内心秘密，就竭力回避一些社交场合，甚至拒绝与人交往，最终造成精神极度紧张。二是性敏感引发的强迫症状，例如想去注意异性的念头使得有的青少年忍不住去偷看，但已经形成的观念又使得他们对自己的行为深感懊悔和自责，并下决心从此再也不这样做了。然而，生活中不可能没有异性，越是强迫自己不去看周围的异性，就越按捺不住去看，而每看一次就自责和后悔一次。于是，反复下决心，反复失败，反复自责，造成恶性循环，形成强迫症，导致精力涣散，注意力不集中，影响身心健康。此外，还有性无知导致的恐惧症、性心理畸形发展导致的性变态等问题。

为保证性心理健康，既可以自我调节，又应该给予指导。一是通过正当途径掌握科学的性知识，这是进行性心理自我调节的知识基础。只有通过学习，才能接受正面的性教育，纠正不正确、不科学的思想，抵制社会上的黄色妖魔。二是树立远大理想。心理能量也遵循守恒定律，为了实现自己的理想，就会努力学习科学文化知识，精力自然就在学习上，无暇他顾，性的问题也就淡化了，留待未来了。此外，发展兴趣、陶冶情操也是很重要的。

实际上，现代社会里的性心理健康教育既有性信息（包括不良的、有害的性信息）泛滥带来的不利影响，也有性信息的科学化水平提升带来的积极影响。但是，无论如何，家长都应该对“性”多一些理性尊重，对孩子的“爱”多一分温暖理解，尽量让孩子产生“性”和“爱”的良性叠加，助力健全人格的形成和发展。

八、人际关系

在家庭心理健康教育中，人际交往、建立朋友关系方面的内容相对来说比较容易被忽视，不少家长抱着顺其自然的态度让孩子交朋友，有的家长只是告诉孩子千万别结交什么样的同学，最不妥的是有的家长对孩子的朋友关系一无所知。其实，人际交往的水平和人际关系的状态直接影响到心理健康的质量，千万不可小视。

1. 初中生的人际关系特点

逐渐脱离群体的交往方式。进入青春期以后，初中生有了许多心理的不安和焦躁，他们希望有一个能倾吐烦恼、交流思想并能保守秘密的地方。童年期交友的群体形式是不具备这种功能的，于是他们交友的范围逐渐缩小了，初中生最要好的朋友一般是1～2个。他们选择朋友的标准主要是：有共同的志趣和追求，有相似的烦恼和苦恼，性格相近，许多方面能相互理解。另外，好友多为同性别者。随着烦恼的增多，有稳定的知心朋友对于疏解愁情自然很有价值，这对心理健康无疑具有积极意义。

朋友关系日益重要。初中生对朋友关系的意义有了新认识，他们认为朋友之间应该同甘苦、共患难，能够从对方得到支持和帮助，认为朋友应该坦率、通情达理、关心别人、保守秘密。在他们的日常交往中，好朋友之间往往彼此公开自己认为最重要、最秘密的事。这种交往对初中生心理的发展有积极意义，这使他们能够更好地认识到自己内心世界的变化，更好地了解自己。初中生的朋友关系对于情绪发展是非常重要的，有了朋友，他们会表现得更热情、更积极、更富有信心和勇气，也能更好地发展各种社会性能力，这些对心理健康都有积极意义。

与异性朋友的关系从排斥到吸引。在初中的开始阶段，他们对异性的兴趣是以一种相反的方式来表达的，或者在异性同学面前表露出漠不关心的态度，或者在言行中表现出对异性同学的轻视，或者以不友好的方式对待对方。总之，从表面上看，他们并不相互接近，而是相互排斥。到初中的后期阶段，男女生之间逐渐开始融洽相处，而且一些初中生会有一位自己喜爱的异性朋友。但是，男女生一般都不愿将这样的情感公开出来，在许多情况下，只是一个永久的秘密。因为随着时光的流逝，随着他们的成熟与发展，随着价值观念（包括审美观念）的变化和调整，初中阶段产生的这份对异性的情感很可能就逐渐地淡化了、消解了，能够保持下来并发展为爱情和婚姻的是很少的。但是，我们不能嘲笑、蔑视这份纯情。须知，当一个初中生喜欢上一个异性同学时，他自然也希望对方能接纳自己，于是就能更加自觉地、尽可能完善自己，从而促进各方面的发展。当然，由于这一阶段学习任务的限制、初中生自身心理能力的制约等因素，这样的异性关系不能无限度地发展，否则就会影响他们的全面发展。因此，正确处理好与异性的关系也是家庭心理健康教育的重要主题，即使面对初中生出现的“早恋”，家长也需有爱心和耐心，积极地、辩证地与孩子一起聊爱情、谈人生。如果家长一味封堵，可能会适得其反。

与父母的关系从崇拜到平视。进入初中，孩子与父母之间的关系发生了各种微妙变化，比如：情感上的脱离，由于有了其他的依恋对象，与父母的情感便不如以前亲密了；行为上的独立，要求独立的愿望日渐强烈，在行为上反对父母对他们的干涉和控制；观点上的脱离，初中生对于任何事物都喜欢自己进行分析和判断，对于以前一贯信奉的父母的许多观点都要重新审视，这就容易产生分歧和冲突；父母的榜样作用削弱，随着初中生思维水平和认识能力的提高，会逐渐发现存在于父母身上的、过去未曾觉察的某些缺点，而他们通过各种途径了解到的一些“高、大、上”人物极容易使自己的父母黯然失色，这些都会削弱父母的榜样作用。

与教师的关系从友好到分化。小学阶段，大部分学生与教师的关系是比较友好的。到了初中阶段，他们不盲目接受任何类型的教师，开始有比较地评价教师，而且在每位学生的心目中都有一两位最钦佩的教师，能对这些教师做出最好的反应，比如努力学习，争取好成绩。同样，他们的心目中也有一两位最不喜欢的教师，他们对这些老师的各种意见多持拒绝、否定态度。

总之，人际关系、朋友关系是影响心理健康的重要因素，在中学阶段表现得尤其明显。

2. 高中生的人际关系特点

美国精神分析学家埃里克森认为人格结构的核心是自我，自我有许多积极特点，比如独立性、自主性、同一性、亲密、关心、爱、创造、统合等等。这些特性中，埃里克森特别重视自我同一性，并且认为，自我同一性通过以下四个方面表现出来：个体性，意识到自己的独特性；连续性，感受到一个人生命的连贯性并朝着未来目标前进；整合性，个体在潜意识状态下将过往的零碎的自我概念整合成一个有意义的整体；团结感，具有团体的理想并感受到社会的支持。从心理健康教育的角度看，高中生人际关系主要有两个特点：

第一，有了比较稳定的友谊感。埃里克森还提出了人格毕生发展渐成说，在发展的八个阶段里，高中生处于第五个阶段，即同一性对同一性混乱阶段。在人际交往中，高中生的独特感、连续感、整合感和友谊感都相当明显，他们有了较为稳定的人际圈子，这对于发展健康人格极为重要。

第二，开始涉猎爱情人生。实际上，高中生已经开始部分进入埃里克森人格发展的第六个阶段，即亲密感对孤独感阶段。除了同性的友谊感，他们也开始渴望异性的爱情。但是，升学等压力往往让他们的爱情处于萌发水平，甚至是模糊的暗恋状态。对待这种感情，较为恰当的方式是让其保持纯真的品味，万万不可把它看作邪恶的、下流的洪水猛兽，否则极容易使得他们迷失自我、伤害自我。当今时代，生理发育提前、文化刺激丰富都足以让高中生的两性人际关系更为多彩。两性人际交往在保持开放心态的同时，无疑需要有以价值观为依托的心灵密码。

3. 大学生群体常见的人际心理问题

对于现在的在校大学生而言，他们的人际关系状态总体是好的，但也有一部分大学生存在一些心理问题甚至障碍。曾有媒体报道，一名高校学生因人际交往受挫而申请退学。该生要求退学的理由从表面上看主要有两个：一是上大学要花十多万元的费用，父母负担太重；二是人际交往受挫，以至于她感觉“大家都很虚伪，一回到寝室，胸口就发闷”，甚至觉得“活着没意思”。实际上，据其父亲介绍，家里并不缺钱，供孩子读大学不成问题。显然，该生要求退学的根本原因是人际交往不顺，产生了较深的挫败感。“人际交往受挫”是困扰不少大学生的一个突出问题，该生要求退学只是一种较为极端的反应而已。

大学时期是人生中交友的高峰期，他们有着相似的学识、学历、思维方式，感情上容易产生共鸣，普遍具有强烈的交往愿望，渴望与他人建立朋友关系。但是，由于大学生来自五湖四海，各人的家庭背景、经济条件、生活习惯、兴趣爱好等都存在一定差异，加上与个性、性格不同的同学生活在一起，必然有一个相互了解和适应的过程，难免会出现各种冲突和问题。有的同学一旦交往失败，就认为同学不好相处、朋友不易找、挚友更难交、知音不存在，因而把自己局限在很小的圈子内，甚至干脆关闭自己的心灵之窗。大学生人际交往方面存在的问题已经被大学生心理咨询的实践所证实——常常占据咨询量的第一位。

所以，要解决大学生在朋友关系方面的问题，就需要知晓他们在人际交往方面存在哪些心理问题。

当今大学生人际交往常见的心理问题主要是自傲心理与自我封闭心理、孤独心理与自卑心理、害羞心理与恐惧心理、嫉妒心理与报复心理等。

比如自卑，这是对自己不满、轻视和否定的情感。大学生形成自卑的原因是多方面的，有的进入大学后发现山外有山、人外有人，尤其是当学习、社交、文体方面显露出某些不足时，就会陷入自我怀疑、自我否定之中，产生自卑心理；也可能由于对自己的生理素质不满、对自己的社会条件不满、对自己的能力不满以及理想自我与现实自我差距太大等因素而引起自卑感。要克服自卑，首先要正确认识自己，悦纳自己；其次要做积极自我暗示，增强自信；第三要进行合理比较，寻找适合的评价参照系。

又如惰性，这是不少大学生为之感到苦恼又难以克服的一种人格发展障碍，同时也影响着他们积极的人际交往。惰性是影响大学生活泼进取、张扬活力的天敌，与新时代精神格格不入，必须予以改变，否则就有被淘汰的危险。要克服惰性，首先应充分认识到其危害性，提振精神，自己对自己负责，同时让勤奋的朋友提醒自己“起而行之”。其次不原谅自己的偷懒，努力做到不给自己找借口。第三多与人交往，多参加有益身心的各种活动，在交往中、活动中激活自己的意志状态。

再比如羞怯，其特点是过于胆小被动，过于谨小慎微，特别在意自己在别人心目中的形象，拘束、缺乏自信。过分的羞怯会阻碍一个人的人际交往，特别是在与异性交往的时候，或许会进一步演变出焦虑、寂寞、孤单等不良心态，所以需要改变。首先应反思自己，找出优缺点，这样改起来才有针对性。其次要解除心理压力，须知每个人都有羞怯之心。第三无须太在意他人的评价，看准的就要大胆去做。

第四要有意识地锻炼自己，这一点最关键。胆量和能力都是锻炼出来的，要敢于说第一句话，敢于迈第一步。

九、师生关系

在家庭心理健康教育中，孩子在学校与老师相处得怎么样是非常重要的一个问题，家长必须加以关注。因为在学校教育过程中，可以说师生关系是影响教学水平和教育质量最重要的一种社会角色关系和人际互动关系，这个双重关系在心理健康教育中也是存在的，还表现出相应的特色。

上面所说的角色关系就是教师指导学生，学生在教师指导下进行学习的社会活动；而互动关系就是具体的某个老师以特定知识为中介和具体的某班、某组以及某个学生开展的人际交往。角色关系清楚地定位师生的各自责任，互动关系则具体地说明完成角色责任的途径。因此，家长应该关注到：你的孩子是否进行了学习，进行了哪些学习；孩子在课堂上是否积极思考、是否与老师进行了互动。

师生关系看似简单，其实内涵丰富，教与学的工作关系蕴含了特定的伦理关系、情感关系。有人将师生间的伦理关系分为三种状态：民主型、专制型、放任型；将师生间的情感关系分为三类：紧张型、冷漠型和亲密型。仅此看来，便知师生关系的复杂性。而且，师生关系还受教师的教育理论素养、责任心、专业水平、个性特点、社会环境、生源素质、学风、班风等多种因素影响，这就使得师生关系总是处于不断变化之中，而这又将从不同方面影响学生。

一是对学生学业成就的影响。具体表现为：教师的亲近行为能有效促进学生的学习以及投入学习的动力；学生与任课教师关系的主观判定，强烈影响着学生在该学科的学习成绩与学习兴趣；学生越喜欢该教师，则越喜爱该教师所教的学科，成语“爱屋及乌”放在这是很合适的。总之，良好的师生关系有利于学生取得良好的学习成绩。

二是对学生在校适应性的影响。一些研究表明，师生关系与学生在校的适应能力存在显著的正相关性，师生关系越好的学生，在校适应能力就越强；而师生关系不良的学生则会存在一定的在校适应问题。

三是对学生自我概念的影响。有研究表明，中学生的自我概念及其发展普遍受到师生关系的影响，还有研究的结果显示了这样的情况，即师生关系对学生的自我概念具有明显的预测效果。这些正好说明教师（尤其是学生喜欢的教师）对学生的自我评价影响何其大。

四是对学生心理健康方面的影响。师生关系对学生心理健康方面有深远影响，广泛地体现在自尊、自信、情绪、主观幸福感等诸多方面。

我国的一些学者曾在师生关系方面做过不少研究。比如，魏运华证实了教师对学生的支持、关心、鼓励、期望等能有效促进少年儿童自尊的发展，学生对师生关系越满意，其自尊发展水平也越高；又如，沃建中认为，师生关系对亲子关系、同伴关系产生一定作用，可让不良的亲子关系在一定程度上得到弥补，并在个体与同伴交往时的主动性、交往能力及社会地位等方面产生影响；再如，王希华等人的研究表明，中小学生的师生关系困扰程度与学生心理健康水平存在显著相关。

其实在师生关系中，不仅学生有心理压力，教师也有职业倦怠。教师是职业倦怠程度比较高的一种职业，这种倦怠是由于教师的精神和精力变得枯竭、对教育教学工作产生消极和疏离的一种状态。教师职业倦怠有一个渐进的形成过程，入职初期，教师对工作充满热情，工作中讲奉献，觉得自己的人生有社会意义。但是，随着时间的推移，各种压力逐渐增多，有时成就感无法获得满足，工作得不到认可，慢慢地就积累成职业倦怠。主要表现在以下三个方面：对工作失去兴趣，缺乏热情和创新精神，并且认为自己的工作无意义；对学生失去耐心和责任心，对学生在课堂上出现的违纪行为要么听之任之，要么夸大问题，采取严厉的惩罚手段；在工作中情绪容易波动，经常带着情绪上课，甚至将生活中或工作上的不满迁怒到学生身上。

无疑，教师职业倦怠的种种表现将使学生越来越疏远教师，学生不愿走近教师，不愿与教师进行积极主动的沟通和交往，这对于构建和谐的师生关系有着极大的消极影响，也势必对学生的心理健康产生不利影响。

了解教师职业倦怠现象后，家长就不能简单地指责教师，而是应多一分理解。教师职业最需要的是热爱，从事直接与人打交道的职业容易发生倦怠，希望给予一些消解倦怠的空间。同时，对老师的工作更多给予肯定和尊重，在孩子面前维护老师的威信，等等 。

总体而言，在师生关系中，教师是占主导的一方，教师对学生的影响大于学生对教师的影响。在这样的前提下，教师除了专业知识，影响学生的就是其人格特质了。首先，教师的人格特质会影响学生的情感反应，这种情感反应又会影响其对教师其他方面的判断。学生不仅钦佩教师尽忠职守、表达清晰以及良好的课堂控制等教学技能，也高度欣赏其公正、耐心、乐观、富于同情和理解的人格特质。此外，学生也喜欢那些关心学生、和蔼可亲、考虑学生感情和乐于帮助学生的教师，而不喜欢那些吝于表扬、偏心、急躁、唠叨、乱发脾气的教师。

一般说来，教师的人格特质同教学效能没有很大的直接关联，但是热情、理解、善于激励和富有想象力这些特质除外。热情和善解人意的教师可以满足学生的附属内驱力和情绪的安全感。在小学阶段，许多小学生在教师中寻找一位父母的代理人，并寻求认可和称赞；到了中学和大学，附属内驱力逐渐被自我提高和取得应有的地位的需要所取代。对此，热情的教师往往可以给学生更多的表扬和鼓励，对学生的行为更容易作出宽容的解释而较少专制，并且关注学生的情感反应等，这些都能够给学生提供情绪上的支持，并使学生倾向于同他们保持一致。在潜移默化的影响下，学生更容易接纳这些教师的价值观念，也更容易取得较好的学业成绩。

总之，随着学生年级的升高、年纪的增大和学识的增广，理想的师生关系应该是“亦师亦友”，这对于新时代发展平等、民主的师生关系是积极的，对于新时代提升个人心理健康与促进社会心理健全也是富有建设性的。

十、身体与心理关系

个体大脑从胚胎时期开始发育，出生时重达390克，9个月时有660克，2.5～3岁时达900～1011克，6～7岁时约1280克，已比较接近成人脑重（约1500克）。此后增长缓慢，9岁时约1350克，12岁时约1400克，到20岁左右停止增长。大脑发育为心理发展以及心理健康提供了最基本的生理保障。

除了大脑，个体身体发展的重要标志是身高和体重，从出生到成熟的整个发育时期，个体的身高和体重都在增长，一般女孩可长到18岁左右，男孩可长到20岁左右。在不同的生长周期中身高和体重增加的速率是不同的，有两个最快的发展期。第一次高峰在出生后的第一、二年，在第一年内身高增加20～25厘米，体重增加6～7千克；第二年内身高增加10厘米，体重增加2.5～3.5千克。第二次高峰在青春发育期，身高每年至少增加6～7厘米，体重每年增加4～5千克。以后增长速度又开始减缓，直到发育成熟，骨骼钙化完成后，身高停止增长。

值得注意的是，男女儿童在身高、体重上的发育速度不同。根据我国学者叶恭绍等人的研究，9～10岁后，女孩的发育水平超过同年龄的男孩，说明女孩已经进入青春发育期的突增阶段，女孩比男孩较早开始发育；14～16岁后，男孩的发育水平又超过同年龄的女孩，说明男孩青春发育期的突增阶段已经开始，女孩比男孩较早结束发育。此后男女差距继续扩大，致使20岁时男孩在身高、体重等方面都比女孩达到更高的水平。

大脑、身高、体重等方面的身体发展为心理发展提供物质基础，也直接影响到心理健康状态及水平。在这个过程中，基于身心的发展而促成的动作发展也有着重要的心理健康意义。动作的掌握与智力、人格发展有密切关系，一定数量的动作技能的掌握可以帮助儿童及早摆脱对成人过多的依赖，学会独立自由地活动，开阔眼界，增长知识，助力身心健康。

男女儿童动作发展有一定的差异。这种差异在幼儿期已初现端倪。男孩在长肌动作协调方面，如抛球、上下楼梯等方面比女孩强；而女孩在短肌动作方面，如单足跳、跳跃、奔跑等方面比男孩略胜一筹。总的来说，青春期前男孩在动作技能方面的优势很微弱，青春期之后男孩的动作优势就越来越明显。这也是造成男女生心理健康有所差异的重要原因。

有一个先天因素制约着人的身心发展，那就是遗传素质。遗传素质是个体身心发展必要的生物前提与自然条件。这里侧重说说遗传素质对心理发展的影响，研究发现，遗传在心理发展上的作用主要表现在两个方面：一是通过素质影响智力的发展；二是通过气质类型影响儿童性格的发展。

血缘关系研究是从人们血缘亲疏远近的关系上去研究某特征或行为的一致性程度，一定程度上说明了遗传对智力的影响。一个国外关于不同血缘关系亲属间IQ相关的综合资料表明，人们的血亲关系越密切，则IQ分数越接近（见表3-1），这些相关系数的大小与血统的亲疏成正比，可见智力存在着遗传因子的效应。

表 3-1 血缘关系与智商的相关系数

血缘关系		与 IQ 相关系数（r 中数）
无血亲关系	无关系儿童：分养	-.01
	合养	.23
	养父母与养子女	.20
旁系血亲	堂、表兄弟姊妹	.16
	堂、表叔侄、舅甥	.26
	姨侄、舅甥	.34
	同胞：分养	.47
	合养	.55
	异卵双生子：不同性别	.49
	同性别	.56
	同卵双生子：分养	.75
	合养	.87
直系血亲	祖父母与孙子女	.27
	父母与子女	.50
	父母（儿时）与子女	.56

数据来源：李丹：《儿童发展心理学》（1987）

从表3-1可知，具体来说，智商相关系数最大的是同卵双生子，其次是父母与子女、异卵双生子和同胞兄弟姊妹，无血缘关系的养父母与养子女智商相关系数最小。

还有的研究发现，同卵双生子比异卵双生子在某些人格特质上更为相似，说明在某些人格特质上也存在遗传因子的效应。比如，瑞典一项研究考察了超过1.2万对一起抚养成年的双生子的外向人格特质（社会性与冲动性）、神经质人格特质（情绪不稳定性），结果同卵双生子、异卵双生子的相关系数分别为0.5、0.2，从而确认遗传因素对人格特质发展的影响。总体而言，同卵双生子在多项人格特质上的相似性高于异卵双生子。可见，人格特质也存在着遗传因子的效应。

个体的发展包括了生理和心理两个方面。遗传在生理发展中的作用是比较明显的，是生理发展的决定性因素，遗传决定了个体的性别、身高、体型、肤色、血型等；遗传在心理方面的作用虽然不如生理方面那样明显，但是对个体的智力、性格特征等方面都有较大的影响。总之，遗传素质共同制约着身心发展，影响到心理健康状态及水平。从这个意义上讲，重视优生、杜绝近亲结婚很重要。

还有一个后天因素也制约着个体的身心发展，那就是动作、游戏等各种活动。瑞士心理学家皮亚杰非常重视动作在幼儿智力发展中的作用，游戏在幼儿性格、社会性等方面的作用自不待言。苏联心理学家维果茨基等人更是将活动作为心理发展的外部表现，个体活动是人的心理、意识发展的重要基础，儿童与同伴、儿童与成人之间的社会性活动是儿童发展极其重要的源泉。这种意识（心理）与活动的统一，保证了身心的一致性、心理的开放性，是对心理健康最根本的保证。这说明，要适时让孩子参加适合他们的身心发展需要的动作、游戏等活动，如此对他们的心理健康极为有益。

十一、学习压力

有研究者将压力定义为："当一个人意识到自己的能力已缺乏所需的资源，且需要产生行动的状态。"将压力界定为心理状态是个好思路，我们参考这个定义后把压力作如下的界定："个人能力不足以胜任特定任务时的竭尽努力状态。"在这个定义里，能力、任务、努力是三个关键词，是相互匹配的交互关系。比如，通常情况下，高等数学（任务）对小学生来说不形成压力，因为小学生的学习能力与高数本身就不匹配；但对于高校数学专业的学生来说是匹配的，如果理解不好，就可能产生压力，如果努力学习了还不能很好地掌握，压力自然就形成了。因此，竭尽努力的程度大体可以反映出压力的大小。

1. 产生压力的原因

压力的产生总体可以分为个体因素和情境因素。

个体因素是压力的内在原因。一是遗传因素。一个人的躯体、气质、智力、神经过程的活动特点等等受遗传因素的影响极为明显，例如内分泌机能障碍可能导致敏感、冲动、抑郁等，这些都会给个体带来压力。二是心理活动因素，主要包括认知因素、情绪因素和人格因素。认知因素之间的关系失调，会产生认知的冲突和矛盾，从而使人感到紧张、烦躁和焦虑，于是想极力减轻或消除；消极的负面情绪状态，往往使人心境压抑、焦虑，精力涣散、失控，身体衰弱、无力；过于内向寡言等人格特质，也容易让人敏感、多疑。

情境因素是压力的外在原因。主要包括以下三类：一是家庭因素。大量研究表明，不良家庭环境因素容易带给家庭成员心理压力。这些因素主要有：家庭主要成员不全，如父母死亡、离异或分居、再婚等；家庭关系紧张，如父母关系、兄弟姐妹关系不和睦，家庭情感氛围冷漠，矛盾冲突频繁；家庭教育方式不当，如专制粗暴、强迫压服，或溺爱娇宠、放任自流；家庭变迁，如出现意外事件。家庭方面的原因给孩子造成的心理压力特别值得家长们关注。

二是职业因素。学生在求学中，此方面的因素可忽略。

三是环境因素。人都生活在一定的环境中，有些环境会带给个体压力。第一类是生态的压力源，这就是在自然环境中的许多刺激，例如环境污染对个体的影响。第二类是生活事件，如意外事故的身心伤害、自然灾害引起的心理创伤等，这类事件积累太多，会给个体带来压力。第三类是社会压力源。随着人与人之间的交往日益广泛，各种社会传媒的作用越来越大，生活事件增多，竞争、冲突、矛盾势必加剧，这就会加重个体的心理负担和心理压力。

2. 学习压力的特点

具体到学习方面，学习压力就是学生学习能力不足以胜任特定学习任务时的竭尽努力状态。有一个重要特点，那就是学生并没有放弃学习，而且还处于竭尽努力的状态。如果放弃了学习，学习任务没了，也就无所谓压力了。

实际上，学习任务里包含着底线与上限，相当于是成就动机的两种水平，即避免失败的、通过即可的成就动机和力求成功、争取优秀的成就动机。后面一种成就动机往往容易形成过度的学习压力，对学生的身心产生不良影响。比如，严重紧张状态、代偿失调（严重者导致身心衰竭和崩溃）以及生理病理变化。

3. 学生如何应对学习压力

一是学生自身的准备。首先是自信。自信是个体最有效的缓解压力、提升心理健康水平的方式，能够让学生从紧张的情境下迅速复原。中小学心理健康教育最核心的任务之一就是增强学生的自信心。自信虽然是个体的人格特质，但也会受环境的影响。正向激励、学习得到认可、家庭环境和睦等等都是学生自信心的来源。其次是问题解决模式。有人研究了日本企业管理的方法时，提出了PDCA问题解决模式，以提升生产质量。PDCA即计划（Plan）、实施（Do）、检查（Check）、处理（Act）4个步骤。这一问题解决模式为学生解决学习问题提供了一个参考。第三是积极认知方式，这也是个体缓解压力的有效手段。积极认知方式可以习得，这就为优化学生的认知方式提供了科学依据。第四是运动与休闲，运动与休闲能缓解压力，所以保证学生每天都有一定时间去锻炼、去运动、去放松是十分必要的，也是切合实际需要的。

二是创造有利的环境资源。为了应对压力源，个体要动员有利资源。首先是社会支持。社会支持通过社会关系发挥作用，这些关系包括家庭、朋友、咨询师、社会组织等。社会支持网络要经常培育，到真正需支持时才能依靠得上。其次是互助组织。这是由相同经历或体验的人组成的一个联盟，学生们联合起来以应对学习困难。这种组织以人际互惠为基础规范，可以是面对面的，也可以是在线互助，但均不收费。

总之，讲究学习方法以提高学习能力，分解学习任务以降低难度，科学休息与运动以保持良好状态，动员有利资源以应对学习困难，就可以在一定程度上降低学习压力，对学生的心理健康起促进作用。

十二、情商培养

相当长一个时期以来，孩子的智力开发受到家长的高度重视。放在特定的历史背景下来看，这是可喜的事，而且智力开发是可以和创新能力的培养、促进潜能发展紧密联系起来的。与智力开发相对应的是情商的培养。

1. 情商概念的产生与内涵的发展

1990年，美国心理学教授彼得·沙洛维和约翰·梅耶提出了与智商（IQ）对应的情绪智力商数（简称情商EQ）这一概念，他们认为情商由三种能力构成，即准确评价和表达情绪的能力；有效调节情绪的能力；将情绪体验运用于驱动、计划和追求成功等动机和意志过程的能力。1993年，他们对情商包含的能力作出了新界定，即区分自己与他人情绪的能力；调节自己与他人情绪的能力；运用情绪信息引导思维的能力。1996年，他们再次对情商进行了界定，调整为四种能力，即情绪的知觉、评估和表达的能力；思维过程中的情绪促进能力；理解和分析情绪，获得情绪知识的能力；对情绪进行成熟调节的能力。

情商概念被大众了解和接受主要是由于戈尔曼。1995年，美国《纽约时报》专栏作家、心理学博士戈尔曼出版《情绪智商》一书，将情绪智商这一学术研究新成果以通俗的方式介绍给大众，从此让情商概念广为流传。戈尔曼所说的情商包括五种能力，即认识自身情绪的能力；妥善管理情绪的能力；自我激励的能力；认识他人情绪的能力；管理人际关系的能力。

戈尔曼的界定增加了管理人际关系的能力。实际上，人际关系的核心是情绪情感关系，因此，管理人际关系的能力就是处理人与人之间的情绪关系能力，戈尔曼的情商概念内涵有所扩大。

我国学者有关情商的研究大多依据戈尔曼对情商的界定，认为情商的主要因素有五个方面：自我意识、自我激励、情绪控制、人际沟通以及挫折承受能力。其中，自我意识指的是认知自身的情绪，是情商的基础；自我激励的实质是抱着希望乐观地想问题；情绪控制的关键是妥善管理情绪；人际沟通包括认知他人的情绪并管理好人际关系；挫折承受能力即对失败的承受化解能力。

虽然国内外专家对情商的界定有所不同，但是可以肯定情商在情绪的调节中发挥着应有的作用。情商是影响心理健康、心理和谐的重要力量，情商与智商共同保障一个人走向成功与幸福。

2. 情商的培养

正如前面所说，一个人的情绪和认知是不断发展的，情绪智力和认知智力也是不断变化的。从心理健康的角度而言，情绪智力的培育和认知智力的开发具有同等意义，不可偏废，而且它们两者还不足以构成心理健康的全貌。就情商培养而言，以下几点值得注意：

首先，要让孩子早些学会认知自己的情绪。情绪突出的特点是两极性，即积极和消极、愉快和痛苦、幸福和愤怒等等都是对立的情绪两极，它们是会发生相互转化的，情绪的另一个特点是波动性，即情绪是不断变化的，会呈现不同状态，比如不同情境里会有不同的心情，不同条件下有激动、悲伤等激烈情绪，还有意外情境下出现的应急状态。另外，情绪还有着功能性的特点，不同情绪有不同的功能，有的有促进认知、学习等活动的作用，有的则有阻碍作用，当然有的情绪的功能不明显。把握了两极性、波动性和功能性三个特点，对情绪就有一个基本的认知了。

其次，要让孩子逐步懂得评估自己的情绪。主要是两点，评估哪些情绪？怎样评估这些情绪？关于前者，可以着重分析评估当下困扰自己的不良情绪，这样更有针对性。比如，因考试引发的过度焦虑是一个突出的不良情绪，因身体发育而引起的性心理迷茫也是比较常见的情绪问题，还有因任课老师的变动而产生的适应性问题，等等。不良情绪出现后，该如何评估呢？首先要承认自己有不良情绪，然后再较为全面地梳理引发不良情绪的因素，明确各种影响因素的大概比值，这点非常关键。以上关于情绪评估的两点最好都要写下来，而不是仅仅在脑子里想一想，这样能够保证评估的科学性和针对性。

第三，要让孩子逐渐学会调节自己的情绪。可以围绕两个方面进行，一是情绪的内在因素，二是情绪的影响因素。先说情绪的内在因素，情绪是由心理感受、生理反应和外部表情组成的。高兴、开心、快乐、难过、悲伤和苦恼等情绪，孩子都能感受到。这些不同的情绪引起的身体反应，孩子也能感受到，比如快乐和悲伤情绪状态下唾液分泌情况就有所不同，他们吃东西也就有不一样的感觉。至于外部表情那就更明显了，这是人类情绪的重要表现。调节情绪可以在这方面进行。另外一方面，调节影响情绪的因素，可以考虑可控与不可控问题。难以控制的因素不易调节，大多只好去接受、适应它们。针对可控的因素则要寻求控制点，比如，认知是会影响情绪的，而且是可控的。经常被引用的一个例子是，面对半瓶水，一个人解释为只有半瓶水，另外一个人解释为还有半瓶水。不同人对同样的事实存在有不同情绪色彩的认知，这就是认知对情绪的影响。所以，改变认知可以调节情绪。

第四章　亲子关系——家庭心理健康教育的核心纽带

一、亲子关系的界定

亲子关系是家庭中最基本、最重要的一种关系，它具有极强的情感亲密性，直接影响个体的身心发展，而且影响他们以后的人际关系。从心理学的角度看，亲子关系主要是指在家庭中父母与子女形成的心理情感关系，它是家庭心理健康教育的核心纽带。

1. 影响亲子关系的因素

虽然亲子关系普遍具有血缘性，但也受许多其他因素影响。比如国外有研究表明，紧张的亲子关系更多地出现于单亲家庭和再婚家庭，而非完整家庭。在再婚家庭中，女孩与继父的关系比男孩与继父的关系更为紧张。许多研究对男女青少年与父母的关系进行了比较分析，结果发现，父亲、母亲与男女青少年之间的关系存在较大差异，而且在青少年期间可能发生不同类型的转变。母女之间具有较高水平的亲密性与不和谐性，母子关系则具有高冲突性与高和谐性。与母亲相比，父亲与孩子的关系则更趋于平等。此外，年龄因素也会影响亲子关系。

2. 亲子关系的发展

一般而言，亲子关系是随着子女年龄增长而发展变化的。从孩子的角度看，儿童在婴幼儿阶段对父母就形成了较强的依恋。进入少年期，孩子对父母的依恋逐渐消失了，他们既渴望摆脱父母的管束而独立，也在有些方面仍依赖父母。一般来说，少年在和父母相处过程中的独立和平等的问题，成为亲子关系中最复杂、最尖锐的问题。如果父母不再把少年当儿童看待，主动改变对少年的态度，那么新型的民主平等的亲子关系就可能出现。另外，青年初期是一个人从“动荡不安”走向成熟的时期，生理、心理的急剧发展，面临升学、就业等人生道路的抉择都给他们带来了新的适应问题。青年初期自我意识的发展达到了新的水平，对行为的独立性有更强烈的要求，希望作为一个独立的个体与成人建立平等关系。他们追求独立，但又希望把父母看作参谋。在生活中遇到问题时，首先选择的是与父母商量，而非推心置腹的同龄朋友。从父母的角度看，多以朋友关系对待子女，有利于减少“代沟”的发生及矛盾的激化。

3. 亲子关系的意义

亲子关系是家庭教育的核心，亲子关系严重扭曲将直接影响孩子的人格、行为和心理健康以及学业成就。影响中小学生心理健康的因素有很多，家庭里的亲子关系是一个极为重要的因素。根据日本心理学家诧摩武俊的研究，母亲如果采取保护的、非干涉性的、合理的、民主的和宽容的态度，孩子就富有积极性，态度友好，情绪稳定；相反，如果母亲采取拒绝的、干涉的、溺爱的、支配的、独裁的和压迫的态度，孩子将变得适应能力差，依赖性强，情绪不稳定，富有反抗性。我国的国情不同，家庭教育文化也有差异，但相关研究也得出了类似的结论。

二、良好的亲子关系的特征

平等尊重是良好亲子关系的基础。在家庭生活中，子女进入少年期的一个显著心理特征，就是要求父母尊重自己，承认自己的存在价值，给自己带来肯定和赞扬。社会心理学的大量研究表明，人际关系的基础是人与人之间的相互重视、相互支持。这个道理对于亲子关系也是成立的。在社会生活中，良好的人际关系对于一个人具有重要意义。早在1977年，心理学家克林格就做了一个广泛调查，当问到“什么使你的生活富有意义”的时候，几乎所有的调查对象都回答：亲密的人际关系是最重要的。而家庭中的亲子关系对于社会中的人际关系具有奠基意义。

情感互激是良好亲子关系的第一个具体特点。家长与孩子双方都以自己的表情、体态和言语动作给对方带来愉悦的心理体验，从而增强心理沟通的情感，避免亲子间的沟通障碍。

人格互尊是良好亲子关系的第二个具体特点。父母不说、不做损伤子女人格的话和事。家里的重要事情，主动同孩子平等商量，主动听取孩子的意见，使孩子感受到在家里的地位和权利。父母越尊重、信任、关心孩子，对孩子的成长越有正向作用。反之，孩子也应该尊重、信任、关心父母。

困境互助是良好亲子关系的第三个具体特点。当人遇到困难或失败时，最需要关怀和帮助。假如孩子考了个很差的成绩，家长就训斥、辱骂，那孩子必定对父母更不愿倾诉，导致情感疏远。同样，如果孩子不了解家里的困难或父母工作上的压力，也容易缺少对家庭的奉献心。只有困境互助才有益于积极亲子关系的建立和发展。

过失互补是良好亲子关系的第四个具体特点。当孩子有过失时，家长不可一概用严厉的手段惩罚，而应冷处理，批评教育时要富有谅解、宽容、体贴之心。父母有缺点和失误时也应允许孩子提出批评、建议，主动取得孩子的理解和协助。如此，心理上相互沟通、接纳，亲子关系就会亲密起来。

实际上，以上四个良好亲子关系的具体特点也可看作建立良好亲子关系的几个基本方法，值得我们在实际生活中好好运用。

沟通是建立良好亲子关系的前提。家庭本是培养孩子爱心、气量、责任感、合作精神与创造性等积极心理品质的适宜场所，但缺少有效的亲子沟通将弱化这些品质甚至使其变味。积极有效的沟通主要有以下几个要点：尊重孩子的人格，不伤害他们的自尊心；倾听孩子的心声，以平等心对待孩子；宽容孩子的过失及错误，给予他们自我纠错的自由空间；求同存异，消解代际差异，相互主动协调代际关系；善于控制、调节自己的情绪；加强亲子游戏，共同参与活动。

三、不良的亲子关系

现实生活中，不良的亲子关系大量存在。那么，不良亲子关系有哪些特点？它对个体心理健康会有哪些危害呢？

一是拒绝。包括消极的拒绝型和积极的拒绝型两种类型，前者是指父母不理会子女所说的话，忽视、放任、不关心、不信任、感情不好、言行不一致等；后者是指父母对孩子有体罚、威吓、苛求、放弃养育责任等表现。父母若抱有拒绝的态度，就容易使子女产生暴力、攻击、反抗等不良行为以及身心发展的迟滞、神经症倾向和其他异常行为。

二是支配。包括严格型和期待型。前者是指父母对子女虽有爱心，但常以严厉、强迫的态度或禁止、命令的方式来监督子女。这样的父母容易使子女对学业成绩、训练产生反抗，或表面上唯命是从，实则逃避现实；后者是指父母把自己的希望寄托在子女身上，忽视孩子的天资和兴趣，要求孩子按照自己的标准去做。如果子女达不到父母的要求，就容易变得意志消沉、没有活力，造成适应不良。

三是保护。包括干涉型和不安型。前者是为了能使孩子变得更好，细心地照顾孩子，尽量给予帮助和过多包办；后者是对孩子的日常生活、学业、健康、朋友、前途等，产生完全不必要的担心和不安，导致对孩子过分负责，保护和帮助过多。这种亲子关系下，子女身心发育迟缓，依赖性强，忍耐性差，社会性成熟迟，社会适应可能有障碍甚至出现神经症倾向。

四是服从。包括溺爱型和盲从型。前者是指父母对子女的要求、主张、意见无条件接受，对孩子过于喜爱，想尽一切办法来迎合子女的要求，即使子女做了坏事也替其申辩；后者则是让孩子持有一切权利，父母不管付出多大代价也接受其要求。这种亲子关系容易使子女的人格发展受阻，情绪发展有障碍，缺乏自我控制力，容易形成以自我为中心的消极品质。

五是矛盾、不一致。矛盾型是指父母对于孩子的同一行为，有时训斥它、禁止它，但有时却宽容它、鼓励它。这种亲子关系往往致使孩子处于紧张状态，情绪不稳定，大多会引起神经症，而且容易出现反社会倾向。不一致型是指父母双方的教育态度和教养方式不一致，在这种分歧态度下养育的子女，由于夹在两种“权威”中间，容易出现焦虑不安。

一项针对我国城市中小学亲子关系的测验结果将亲子关系存在的主要问题做了总结：最严重的是不安型和期待型，父母各占70%和80%；其次为干涉型，父母各占50%和66%；溺爱型父母各占40%和65%；盲从型约各占45%。由此可见，母亲对子女的教育态度问题比父亲更严重，但母亲在亲子关系中的影响往往又更大，应该引起高度重视。

四、亲子关系的影响

亲子关系是复杂的，其在个体发展中所产生的影响是多方面的，既有积极的，也有消极的。这种双重影响在家庭心理健康上也是明显的、持续的。

亲子关系对个体社会化和人格发展有影响，进而影响心理健康。我国一些心理学者的研究发现，亲子关系和早期家庭教育是儿童社会化及人格发展的核心和主要动因，对儿童的成长有着决定性影响；父母教育的不一致、父亲的干涉与母亲的消极拒绝对青少年人格因素的影响极大；父亲的溺爱则易使青少年人格发展受阻，影响情绪发展，这些少年往往易动感情，缺乏独立性和创造性。

亲子关系对个体同伴关系、师生关系均有影响，进而影响心理健康。儿童是在与周围人的相互作用和交往中不断成长的，亲子关系、同伴关系和师生关系对其成长有着重要的作用，三种关系的重要性随儿童成长的阶段不同而有所侧重。

亲子关系影响儿童的学业成绩，进而影响心理健康。亲子关系虽然不能直接影响儿童的学业成绩，但是通过影响儿童的情绪和行为从而对学业成绩产生间接影响。儿童学习困难的发生，不仅有个体智力的影响，而且与儿童的某些行为问题有关，继而与亲子关系的某些心理行为特征有关。如此看来，重视建设家庭心理环境和改善亲子关系是十分必要的。

亲子关系影响儿童社会性发展，进而影响心理健康。比如，亲子关系影响儿童性别角色的发展，孩子通过对同性父母的认同和模仿而获得被社会赞许的行为模式。又如，亲子关系影响儿童品德的发展，如果母亲是支配性的性格，父亲服从于母亲，那么父亲就难以成为家庭内的社会代表，父亲的品德就难以传递给孩子。再如，亲子关系会影响儿童人际关系的发展，经常与父亲交流的小学男生，在伙伴中往往大胆、外向、活泼，敢于公开地坚持自己的主张，这种交往能力是更多地在与父亲的交往中培养起来的。总之，正常的性别角色、良好的品德以及积极的交往能力等等都是心理健康的助推因素。

从家庭视角看，“父—母—子”是亲子关系的核心，围绕这一核心产生的诸多亲子互动影响着多项个体心理品质，这些就是心理健康发展的基础。

五、发展和谐的亲子关系

为了发展和谐的亲子关系，有必要将亲子关系的外延稍微扩大一些，以便可以从更大的视角来分析如何发展和谐的亲子关系。

有一个说法非常好：“亲子关系是一生幸福的基础。”幸福既是心理健康的范畴，也是毕生发展的主题。下面谈论的几个话题是在发展和谐亲子关系实践中需要特别加以注意的。

亲子关系让家庭更和谐。德国心理学家惠特海默有句名言：“整体大于各个部分之和。”父亲、母亲和孩子三个部分紧紧结合在一起，能形成一股巨大的合力。有时，亲子之间解决不了的问题，家庭支持系统可以做到；有时，夫妻之间解决不了的问题，家庭支持系统也可以做到。从二人世界到三口之家，看似只是数字的变化，其实是家庭结构的重组。这个过程可以做许多事。比如，要改变教子观念。“相夫教子”是传统观念，但在当代，丈夫与妻子有同样的育儿义务，并且夫妻共同参与才能让孩子健康快乐、人格完善。其次，要强化父亲的角色意识。事实上，丈夫向父亲的角色转变，需要妻子的参与和帮助，当丈夫出现在孩子的视野里时，也可以热情地高呼：“宝贝，爸爸来了！”相信这句话会让爸爸变得精力充沛。第三，要共同承担抚养责任。很多妻子因为全职在家变得沉默寡言，甚至与丈夫日渐疏远，改善这种状况最好的办法就是让丈夫参与抚养事务。第四，要表达爱与需要。夫妻之间非常需要爱与需要的表达，因为这样可以让对方感到自己存在的价值，甚至可以成为努力的方向。

父母亲都应共同参与亲子教育。《三字经》早就有“子不教，父之过”的名言警句，长期以来，“男主外，女主内”也成为育儿的潜规则。实际上，男人与女人因为性别不同，拥有不同的思维方式，可以分别为孩子提供不同的心理营养。比如，妈妈提供安全感，爸爸提供进取心。妈妈是孩子安全感的来源，3岁前的孩子特别需要母亲的陪伴，以获得充分的安全感；爸爸提供的是进取心，在孩子眼中，父亲是高大的、强壮的、进取的。又如，妈妈训练耐心，爸爸训练好奇心。妈妈总是不厌其烦地教孩子一个简单的动作，如刷牙、拿勺子、穿衣服，在这个过程中，重点是训练孩子的耐心；爸爸负责孩子好奇心的激发、发现与梳理，有着广泛兴趣的父亲总会发现生活中的美好，善于做出夸张的表情与反应，这些都极其有利于激发孩子的好奇心。

发展情商从父母做起。教会孩子调节自己的情绪，是父母需要特别加以关注的。这涉及情商问题，主要包括三个方面的内容：正确识别、表达和适度控制自己情绪的能力；理解和接纳他人情绪的能力；与他人交流情绪，影响和感染他人情绪的能力。在亲子教育中，父母应引导孩子提高情商，懂得爱自己和爱他人。应注意的是，不要使自己的消极情绪对孩子造成负面心理暗示，而应以理智的头脑控制和调节自己的情绪，同时帮助孩子摆脱消极情绪，学会自我调适，变得乐观自信起来。

第五章　家校协同——心理健康教育的重要途径

家庭教育与学校教育相互影响，各有优劣，家校协同是心理健康教育的重要途径。有人说："孩子的心理问题往往成因于家庭，显现于学校，恶化于社会，所以良好的家庭教育对孩子心理的健康发展具有十分重要的意义。"正因如此，针对不少家长忽视子女心理品质的培养的现状，学校应推进家校合作，协同开展心理健康教育。

一、家校协同的基本界定

协同是指各方互相配合或一方协助另一方做某件事。家校协同就是指家庭配合，协助学校共同教育好孩子（学生），保证他们健康成长的系列活动。家校协同也可以称为家校合作。在心理健康教育方面，不少学生的心理问题来源于家庭，即存在家缘性问题，因此，仅仅在学校开展心理健康教育是不够的，还必须在家庭开展心理健康教育，并且二者要形成合力，共同保障孩子（学生）心理的积极、和谐发展。

然而，家庭的心理健康教育与学校的心理健康教育有诸多不同，最大的不同是，家庭里是亲子关系，学校里是师生关系。在亲子关系中，情感是第一位的，理性是第二位的；而师生关系大体相反，理性是第一位的，情感是第二位的。至于说，学校里有专职的心理健康教育老师，有各种各样的心理健康教育活动，这些应该都还不是最关键的。这是因为，对于孩子（学生）心理问题的预防远比治疗来得重要。

在心理健康教育家校协同方面，发展积极、和谐的亲子关系是基本抓手，发展积极、畅通的家校沟通关系是基本路径，发展积极、民主的师生关系是根本保障。

就亲子关系而言，由于它显著的情感性特征，就可能出现两极分化，既可能发展为积极的情感，也可能发展为消极的情感。孩子们带着不同的情感状态来到学校，与学校里形成的各种情感、认知等心理活动生成更加复杂的心理状态，这就产生了不同的心理健康状态与水平。没有良好的亲子关系这一抓手，会给心理健康教育的家校协同造成很大的困难。

就家校沟通关系而言，由于它的社会性特点，容易产生复杂的矛盾，即重视家校沟通者有之，轻视者有之，放任者也有之。而且，有时会出现这种情况：越需要家长支持的，越不容易获得配合，这就不容易形成教育上的合力，影响教育的整体效果。家校沟通这一路径不通畅，将直接影响心理健康教育的家校协同效果。

就师生关系而言，总体上，存在向师性的特点，这既为教师实施教育提供了有利的人际优势，也对教师提出了更高的内在要求。新时代，亦师亦友的师生关系在高年级的学生群体中呼声比较大。因此，作为老师（不仅仅是心理老师），既要有学识，又要友爱。师生关系不积极、不民主，心理健康教育的家校协同就难以开展，更谈不上取得良好的立德树人效果。

二、良好的家校协同关系

良好的家校协同关系至少有以下几个特点：协同性、主导性、协助性、沟通性、双向性。

协同性，这是家校协同的题中之意。学校教育与家庭教育育人目标的一致性是协同性的根本要求，在心理健康教育方面更是如此。

主导性，这是由学校教育的特点决定的。学校应发挥主导性作用，因为学校既有广大教师的言传身教，也有专职心理老师的专业教学，更容易为学生提供专业化的指导。

协助性，这是由家庭教育的特点决定的。心理健康教育离不开家庭的协助作用，家庭的每一个成员特别是父母与孩子的亲情是孩子心理健康的服务性保障。

沟通性，这是家校协同的途径特点。这是学校老师与学生父母就学生（孩子）在心理健康教育方面的状态不断进行信息交流的过程。随着数字技术的发展，新的沟通方式在家校协同方面将与传统沟通方式一同发挥应有作用。

双向性，这是家校协同的作用特点。在此过程中，既有学校对家庭的作用，又有家庭对学校的影响。既要发挥学校在心理健康教育上的发展性作用，也要发挥家庭在心理健康教育中的个性化作用，保证两种作用形成合力。

三、不良的家校协同关系

1. 对家校协同的误解

在现实中，家校协同关系并不都是良好的，还存在不少不良的家校协同关系。比如，以下情况就是比较常见的：

“家校协同吃力不讨好。”有老师是这样看的。

“家校协同是花架子，不管用。”一些家长和老师都有这种看法。

“家校协同是学校推脱责任的新戏法。”这类家长大多对学校有偏见，这种看法只是偏见的泛化罢了。

“家校协同就是要增加家访。”这是对新时代家校联络新理念的过时理解。

2. 不良家校协同的表现

不良的家校协同关系有以下几个表现：分离性、放任性、不协助性、封闭性、单向性。

分离性。这是家校协同的反向之义。学校教育与家庭教育是分离的，缺乏应有的一致的育人目标，在心理健康教育方面也是这样。

放任性。是指学校放弃对家庭教育的指导，导致家庭在心理健康教育方面迷失方向。

不协助性。主要是指家长对孩子在学校的表现缺乏应有的了解，家庭教育不能够成为学校教育的有力支撑。有的家长甚至把孩子的心理问题视为隐私，不向老师提供必要的咨询信息。

封闭性。主要是指家校双方各自封闭，缺乏必要的沟通，有的家长和老师对于新的沟通方式掌握不够、应用不足，一定程度上影响了家校协同的效果。

单向性。主要指学校与家庭之间的双向影响缺失，学校对学生的影响与家庭对孩子的影响没有足够的交集。

四、家校协同关系对心理健康教育的影响

家校协同关系既有学校里的师生关系，也有家庭里的亲子关系，更有家校之间的沟通关系。表面上看，家校协同涉及的是家校的沟通，实际上，通过学生（孩子）这一中介，家校协同既涉及师生关系和亲子关系，也涉及同学朋辈关系，这些都将对孩子的心理健康产生不同的影响。

师生关系对学生心理健康的影响。“亲其师，信其道”，道出了良好师生关系对于学生的重要影响，学生只有亲近老师，才会信任老师并接受老师的教育。由于学生普遍具有向师性的情感特征，老师要合理善用权威，利用积极心理暗示，通过助力各种学习活动，进而发展学生的积极心理品质。

亲子关系对孩子心理健康的影响。“家是港湾”说明了家的温馨，“我爱我家”道出了家庭成员对家的依恋。大量研究表明，亲子关系对孩子社会化和人格发展有着重要影响。另外，亲子关系还影响孩子的学业，当然这种影响多数是间接的，即通过影响孩子的情绪行为进而影响其学业。总之，积极的亲子关系会让孩子感受到爱和受尊重，对自己和他人都积极乐观，形成健康的心理品质。

家校沟通对学生心理健康的影响。在家里，是孩子；在学校，是学生。孩子与学生是两种不同的角色，这是家校沟通必须注意的角色互换。家校沟通过程中要把握好、促进好这种角色互换目标，就是在家是个好孩子，在校是个好学生。为此，一方面，学校要指导家庭教育，为家长提供教育孩子的科学方法，提供交流教育孩子心得的平台。另一方面，家长可以参与学校教育的相关活动。这样，通过比较充分的家校沟通，双方增进了情感，把师生之爱和亲子之爱融为一体，使学校和家庭在心理健康教育上实现和谐统一，保证学生（孩子）这个主体的心理健康的积极发展。

总之，家校协同既能够发挥家庭教育的针对性，注意预防个别心理问题，又可以发挥学校教育的综合性，全面提升学生的心理素质，值得坚持和完善。

五、建设和谐的家校协同关系

家校协同的前提是要提高家校双方对其重要性的认识。要将学校的理性与家庭的亲情结合起来。那么，在新时代怎样才能建设好和谐的家校协同关系，更好地发挥它在心理健康教育上的作用呢？以下三点是比较关键的：

第一，充分的家校沟通是家校协同的保障。

没有沟通就谈不上协同，高质量的家校协同离不开充分的家校沟通。实际上，家校双方均有协同意愿，学校更为积极，学生反应强烈。改革开放以来，特别是进入21世纪以来，学生多渠道便捷化接受各种新信息，思想更加多元化，行为更加个性化甚至另类化，传统的单向教育根本难以适应新形势，把握新状态；随着家长法治观念的增强，家校之间的法律纠纷时有发生，学校容易陷入尴尬境地；学业负担过重以及所谓“封闭式管理”，导致学生心理问题频发，心理疾病也不断；而学生是真心欢迎家校协同的：不相互告状，不窥视其隐私，不无视其存在，不漠视其意愿。以上情况都让家校沟通工作的重要性和紧迫性凸现出来，亟待家长大力合作，妥善解决。可运用电脑、手机等新技术，发挥互联网的作用，提高沟通的效率，促进家校协同的良性发展。

但是，目前的家校协同存在一些问题，突出的有两点：第一是认识错位，观念陈旧。从家长方面看，大部分家长缺乏参与学校教育的意识；有的家长只关心孩子的学习成绩，其他方面则抱无所谓的态度；还有的家长认为自己不懂教育或文化水平不高，没有能力参与学习教育活动。从教师方面看，有的教师认为家长介入校内事务会干扰学校工作，影响教学秩序。第二是活动无序，协同无据。比如，缺乏工作的计划性、连贯性、互动性、平等性等等，都使家长的积极性受到抑制，影响家校协同工作的质量，最终不利于学生的积极健康成长。

第二，和谐的师生关系是家校协同的校方基础。

由于教师在师生关系中的相对主导性，所以特别提出平等的师生关系是家校协同的基础。师生关系是复杂的，典型的有专制型、放任型和民主型，当然，现实中的师生关系往往以一种类型为主，兼带其他类型的特点。简单地说，专制型的师生关系以命令、权威、疏远为行为特征，学生对教师更多地表现出敬畏；放任型师生关系以无序、随意、放纵为行为特征，学生拥有无限制的自由；民主型的师生关系以开放、平等、互助为行为特征，学生容易得到教师的指导。

有研究表明，积极的师生关系有利于提高学生的在校适应能力，有利于学生取得良好的学业成绩，有利于提升学生心理健康的总体水平。由于教师在师生关系中处于强势，因此需要更新教育观念，承担更大的责任，比如，以生为本、和谐发展、民主平等、教学相长，等等。如果师生关系不和谐，家校协同是难以做到的。

第三，温暖的亲子关系是家校协同的家庭支撑。

亲子之间的沟通也是家校协同的重要方面，它对家校协同更多起着支撑作用。尽管随着孩子年龄的增长、心理的发展，父母的教养方式可能有所变化，但模式大体不变。现代社会里的亲子关系依然具有传统社会的一些特点，比如亲子互动的不对等性，亲子交往中父母常常表现出权威姿态，子女则多处于劣势，表示出服从。但是，亲子互动是一个双向的、相互作用的过程，在网络时代，孩子与父母的交往中，获得了前所未有的“反哺”能力，“文化反哺”成为亲子关系的新模式。这样，生活在现代社会里的同一个家庭的父母子女更容易形成温暖的家庭。互联网改变了传统代际关系，更容易成为代际平等对话的渠道，这就使父母的教养方式有更多的民主性成分，这与现代学校主张的民主型师生关系是吻合的。家庭里的亲子互动与学校里的师生互动就以孩子（学生）为中介联通起来，这两种互动关系就成为建设和谐家校协同关系的有力抓手。

第六章　传统文化——心理健康教育的宝贵资源

心理健康教育的重要资源之一就是文化。作为有着悠久历史传统的中华民族，我们的心理健康教育更应该从传统文化中汲取有益的营养。

一、心理现象的文化来源

人的心理现象很复杂，但归根结底，心理是人对客观现实的反映，文化（包括传统文化）就是客观现实的重要组成部分。当人们习得文化的时候，相应的心理品质就生成了。

文化是一个复杂的、边界模糊的概念，我们这里仅作一个基本界定，即文化是人为产品，主要包括物质、制度和精神三大类产品。从这个意义上说，心理健康就是三大文化产品内化于人的积极结果，心理健康教育也就是积极提升文化产品的内化质量的活动。

文化有许多特点，规范性和动态性这两个特点对于心理健康教育具有特殊意义，值得特别重视。规范性是指一个文化群体具有普遍认可的行为标准，几乎所有文化都为人们如何按照期望去符合规范地行动提供指导。比如，在我国中小学，校服和发型基本上都有统一的规范。动态性是指文化是不断发展的、可互动的，不断发展侧重于文化自身的发展传承，可互动偏重于与其他文化的互动吸纳，通过发展和互动，文化就能持续创新。

依据文化的以上两个特点，家庭心理健康教育可以获得的启示分别是：第一，要对孩子进行基本行为规范教育，比如作息、礼貌、卫生、学习、锻炼、劳动等方面都有相应规范，从小执行，持之以恒，形成习惯，内化于心，必有收获。第二，要对孩子进行多元文化的鉴赏教育，在孩子可接受的范围里，鼓励孩子进行较为广泛的阅读并与同伴进行交流互动，充分发挥数字媒体的优势，汲取其他文化的精华，形成积极的、富有创新意味的文化心理态势。

二、传统文化心理

悠久的传统文化，便于我们的家庭心理健康教育从中汲取精华，以这个宝贵资源去滋养孩子们的心理世界，对未来形成健康美好的向往。要做好这一重要的工作，须要简要了解传统文化心理。

文化对人的影响是多方面、多层次的，其中对人的价值观、人生观、世界观以及思维方式等的影响最为深刻。就中国传统文化而言，儒家处于主导地位，因此，这里的举例就以儒家文化为主。

比如孝，原先的基本含义并被后人强调的是孝顺，主要包括两方面内容：孝心和孝行。孝心主要包括孝敬心和顺从心；孝行则主要有6个方面：奉养父母、不做祸及父母之事、生儿育女、建功立业、珍惜生命、善待过世的长辈。另外，有学者提出了完整的孝道运行过程包括3个环节：知恩、感恩和报恩。我们思考孝及孝道在心理健康教育中的价值要坚守其本义，不可把孝及其功能泛化了。

比如面子，心理学中“面子”的主要含义是个体在人际交往过程中，希望给对方留下好印象从而产生喜悦感、成就感等积极情感。实际上，由个体特定的社会地位带来的声望、权势和生活方式，就是个人拥有面子的表征。重面子是中国人一种重要而普遍的心理行为方式。面子有印象管理、社会规范、社会交换、赢得信任、激励上进、心理保健等重要功能，这些功能在家庭心理健康教育中都可以发挥积极的作用。

比如人情，它是一个多义词，心理学意义上的人情有广义和狭义之分。广义的人情泛指一切合乎情理的待人处事之道，狭义的人情主要指一套合乎情理的对待熟人的待人处事之道。实际上，人情不管是广义还是狭义，都与情绪智力有部分重合，而作为儒家思想核心的仁，推崇人与人之间的心意感通，即强调“以心换心”，这样与相识的人打交道时讲人情就是很自然的了。人情具有社会交换、社会规范等功能，在家庭心理健康教育中可以发挥积极的作用，不懂基本的人情世故是不利于心理健康的，家庭心理教育中要让孩子明白这个道理。

三、传统文化的心理继承

在历史的长河里，能够成为传统文化的东西必定有其文化传承力，即一方面传播，另一方面继承。在自觉或自发的传播过程中，个体可以习得，发生各种认知、情绪情感进而内化等复杂的继承心理，这一过程对家庭心理健康教育必然产生影响。

第一步是接受。它是从感知开始的，虽然传统文化典籍浩如烟海，但是经过感知，总会生成或多或少的记忆，如果加上对某些作品的精细的深阅读，心理接受度也将提高，增强其文化传承力。简单地说，文化传承始于心理接受。

第二步是喜爱。喜爱是重要的愉快情绪，乐学比好学更有积极的心理意义。针对不同的传统文化精品，只要一个人有所喜爱，已经表现出对某些作品的接受，再带有相当程度的兴奋性、愉悦性和满足感，这个时候的继承可以说有了内在情绪依归，比较深入了，已经不是单纯的认知了。因此，对传统文化的喜爱是文化传承的内生动力。

第三步是认同。它比喜爱更深入，对传统文化的接受是自愿的甚至是自觉的，有了比较深刻的正面情感因素，大多以认可、赞同和赞赏的方式表现出主动接纳，其中的喜爱成分包含了更加高级的认知成果。对传统文化的认同是文化传承的深层原因，缺乏高度认同的文化传承容易产生断裂与流失，这种情况下，心理层面与精神层面对个体的影响都会大为弱化。

第四步是内化。这是文化传承的最高级心理形态，对传统文化的接受是自觉的，并且产生了比较稳定的热爱情感，有了基于传统文化的价值观，就能逐渐成为个人内在素养的重要组成部分。传统文化的内化是传统文化传承的最深刻层面，到了这个层面，传统文化传承就有强大的动力。

总之，传统文化的传承经过接受、喜爱、认同和内化等一系列心理活动而得以完成，逐渐转化为学习者的内在素养，有关心理健康知识也一并完成内化，助力心理健康状态的优化。当然，对传统文化的传承所生发的心理健康教育价值不宜高估，毕竟文化也存在时代差异。合适的态度还应该加以必要的转化。

四、传统文化的心理转化

这里说的转化是指个体根据现代社会发展的需要对传统文化所做的改造、屏蔽、发挥以及创新等心理活动，目的在于为个体的文化现代化提供适合的文化支撑和文化动力。顺利完成转化、构建新的认知结构和平衡的情感系统，对于心理健康具有时代意义。

首先是改造。可以把改造当作转化的起点，既包括对文化内容的改造，也包括对文化形式的改造。比如，对经典作品的注释和翻译就是一种改造，对作品的分析和评鉴也是改造。总之，改造的要义在于让典籍通俗化、意义化，符合现代人精神的需要。

其次是屏蔽。这是一种转化的技法，目的在于将一些已经过时的内容进行删减，甚至灭除，使得相关内容无法产生影响力，焚书坑儒就是极为典型的、消极的也是极端的例子。尽管屏蔽对传统的内容没有做质的改变，但如果达到一定的程度，它所产生的影响也是不可低估的。

第三是发挥。这是比较高级的转化方式，往往是个体对某些内容进行深入研究，并加以深度阐发，部分观点可能达到甚至超过了原著的水平。这种情形在习得者中也是存在的，在专业研究人员中应该更加普遍。

最后是创新。这是转化的最高级形态，是根据社会发展需要，结合自身文化特点，实现对传统文化的创造性转化，创新性发展，使传统文化中的一些内容发生蜕变，出现与新时代吻合的新特质。

传统文化由于涉及面广，对它既有如何传承，也有怎样转化的问题。以上列举的改造、屏蔽、发挥和创新都蕴含着多元的情绪情感，为心理健康教育的走向提供丰富的文化资源。

五、传统文化与外来文化

随着交通日益发达、世界日益联通，文化的多元互动突显。尽管存在壁垒，互联网技术依然使得文化交流空前频繁，世界成了一个大社区。在这个新时代，我们的传统文化与所有的外来文化都会发生或强或弱的碰撞，或多或少吸纳外来文化，在此过程中通过几个方面对我们的心理健康产生影响。

一是新奇感。相对于传统文化，人们对于外来文化总有些新奇感。在喜新厌旧的心理作用下，外来文化或许在某个意义上心理占优，这也就对传统文化的创新性发展提出了切合时代需要的新要求。

二是异质感。受我们传统文化影响小的外来文化，特别是文明起源完全不同的异域文明，其中的文化异质性是明显的，接触这类文化很自然产生异质感。如果我们有充分的学习能力、自信心和包容心，文化间的异质感是可以消融的。否则，此类认知冲突对心理健康的影响是深远的。

三是排斥感。和而不同是一种人格境界，文化上也是如此。然而，要做到和而不同则比较困难。对于外来文化，本土传统文化经过识别以后有一个选择的问题，或吸纳或拒绝。产生排斥感是难免的，从根本意义上说，产生排斥感是为了保全传统文化，尽管这是比较原始的方式，但对于维护人们的心理平衡具有一定意义。

四是互补感。本土传统文化与外来文化之间除了排斥感，也存在互补感。长期接触各类文化的人们，在传统文化与外来文化之间就会形成互补感，毕竟取长补短也是一种心理倾向。这种互补心理倾向对于心理健康素质的增强具有积极意义。

五是多元感。在文化频繁交流的时代，本土文化和外来文化、传统文化和现代文化在文化时空形成璀璨的文化百花园，多元文化的态势出现了。人们心理上的单调感渐去，丰富的多元感渐来。丰富性、多元感、调适感以及满足感等等多样化情感就可能给人们带来心理活力，而心理活力正是心理健康的一项内在保障。

六、做有骨气的新时代中国人

文化是人创造的，也是为人服务的。我们的传统文化源远流长、博大精深，这是毫无疑问的。其中虽有糟粕，但更多的是精华。深厚的文化底蕴让我们有一种骨气——文化自信，这是身为中国人应有的文化心理特质，或者说就是人格特质。

骨气来自于习得，学习是骨气形成的必经途径。关键在于要学习那些精华部分，剔除那些糟粕部分。不断学习正是保持心理健康的秘密。

骨气来自于研究，研究是提振骨气的必然要求。对经典缺乏深入研究，骨气很难深刻，“腹有诗书气自华”说的就是这个道理。多动脑、多研究问题是保持心理健康的又一方法。

骨气来自于交流，交流是升华骨气的便捷之道。独学而无友则孤陋寡闻，交流能够使人获得他人的新观点乃至智慧，从而使得自己的思想更加饱满。与他人的恰当交流是人际沟通的重要内容，也是心理健康的题中之意。

骨气来自于传播，传播是张扬骨气的人间正道。生成于深厚博大文化的骨气有一种坚韧的气质，是文化基因延绵不绝的传递，它也要求对外传播。就个人而言，对传统文化进行批判继承与综合创新都是非常必要的，这对于文化传播具有重要意义。尽管这可能是一些专业人士的工作，但他们的工作无疑给人们带来充满活力的新意。而这种不断求新、持续创新所带来的活力正是保持心理健康的真谛。

新时代的中国人是有骨气的，这个骨气受我们的文化滋养，是传统文化基因的生生不息，是面临所有外来文化的文化自信，也是心理健康的无尽源泉。每一位家长都应该从小培养孩子的骨气。

七、做面向世界的新时代中国人

有骨气的中国人在开放的时代，应该成为面向世界的时代新人。时代新人主要具备以下心理特质：开放性、包容性、创新性、价值性。

开放性。这是指心理的开放，是对一切外来优秀新事物的接纳，同时剔除外来糟粕，而且能够将新知整合进原有的知识结构，生成新的认知结构，表现出更强大的生命力。在开放性特质里，求异是重要的要素，这样才能保证人格特质的活性。所以，在心理健康教育里，父母要培养孩子开放、求异的特性。

包容性。这是对外来事物合理吸收过程中表现出的宽容，是气度，也是一种自信。这种自信，深深扎根于文化基底上。在包容性的特质里，宽容是重要的因素，如果过于严苛，那不是自信坚强，而是自卑脆弱。当然，包容也是有原则和边界的。因而，在家庭心理健康教育中，教育子女须具备宽广的胸襟，而这也是包容性的基本要求。

创新性。这是基于开放性而表现出来的创造、革新、变化等特质。创新性在新时代显得尤为重要，因为创造力是最重要的人力资源。创新须打破思维定式，要有变通特质和独创特质，也要有回归聚焦创新目标的意识。缺乏创新品质的青少年很难有高层次的心理健康，家长对孩子的创新意识要好好保护、持续培养，对他们标新立异的行为不可简单地加以否定。

价值性。面向世界的新时代中国人是立足中国、面向世界的，根子在中国，要符合诚信、友善、敬业等社会主义核心价值观。它源于传统，从现实出发，然后再面向世界。心理特质中的价值性来源于文化传统和改革开放的现实，也吸纳了一些外来的优秀文化，是内化的产物。价值性是所有心理特质的支撑，也是心理健康的德性核心。

总之，作为面向世界的新时代中国人，既继承传统、立足国情，又面向世界、迎接新时代，是继承与创新的统一，是守正与开放的统一，是知性与德性的统一。心理健康教育要将这个概念植入孩子的内心。

第七章 互联网——心理健康教育的多元平台

互联网是一项伟大的发明，它打破了信息的垄断以及文化的壁垒。这是一个开放的平台——内含着多元文化。心理学研究表明，人们接受外来信息的90%是通过视觉和听觉获得的。互联网具有声色俱全、图文并茂的特点，极富吸引力和感染性。人类已进入互联网时代，从心理健康教育的意义上说，互联网所提供的资源必然产生积极或消极的影响，关键是看使用者的驱动力和辨析力等内在心理因素。

一、互联网的心理效应

由于互联网的开放性与全球性，西方文化加剧渗透。如今的国际互联网上，英语的内容约占90%，法语的内容约占5%，世界上其他的不同语系的内容约只占5%，这就意味着西方发达国家垄断着网上的信息资源，严重冲击发展中国家的思想文化和价值观。

为吸引用户，互联网包含大量各种各样有刺激性的文化信息。有刺激就有心理反应，而且可能表现出一定行为。优质刺激大多激发积极反应，劣质刺激则容易诱发消极反应。实际上，任何个体又都会根据自己的心理需要、价值取向找寻新刺激，进而表露新行为，这是互联网的心理效应的总体倾向。在这个大态势里，心理健康的内容是很复杂的。

互联网是把双刃剑。在此先分析其负面心理效应。

一是文化渗透。在全球网络环境下，保持文化的多元性非常重要。在网络技术上占据优势的国家，在网络文化和信息量上也可能同样占据优势。对于以信息接受为主的非英语和发展中国家，与全球网络互联就有可能造成对本土文化的冲击，民族文化有可能被淹没在强势的西方文化产品之中，这就极容易导致心理矮化。

二是过度的感性化倾向。由多媒体、超媒体等手段营造的五光十色的网络内容，表现形式不仅唾手可得，而且极具诱惑性，使部分网民在判断缺失的状态下享受感官刺激，不去追问其内容的价值，只求当下快乐。这种过分感性化的倾向，既成就了部分人的功名，也消解着人的理性，甚至改变着人们独立思考的习惯。长期依赖互联网会降低深度思考的能力。网络传播主要是图像和视频传播，图像比文字更能吸引人的注意力。与图像传播的感性特征不同，文字传播具有理性特征。文化中的感性进化了，其中的理性就退化了。网民在气象万千的虚拟空间“乐不思蜀”，抽象思维能力成长的机会便减少了，理论思维能力的退化在所难免，这正是网络文化造成的深度心理危害。

三是信息污染。由于网络空间没有物理边界，网络社会可以说是“无边界”“超国家”的社会，人人都可以自由地在网上发表意见，信息的发布、传播鱼龙混杂，且容易失控，造成信息污染。在互联网环境下，有害信息对国家利益、社会大众和青少年的伤害大量地表现为对名誉、精神和心理的损害。这种伤害是无形的、难以愈合的。心理创伤及其叠加后果严重，其中色情信息污染对青少年的消极影响特别大。它使得青少年偏离了健康的心理依恋，沉迷于原始生理本能；它使人精神萎靡不振，对青少年心理健康成长造成巨大的危害，甚至诱发犯罪行为。

互联网就这样通过文化刺激、信息污染使人产生相应的极其严重的心理堕落。如果预防不力，发展为网络成瘾者，治疗起来就非常困难。

二、网络成瘾

网络成瘾是目前非常普遍的问题。研究发现，“网络成瘾症”患者年龄介于15～45岁之间，未成年人的比例远远高于成年人，他们对网络操作更容易失控，而且随着乐趣的增强，欲罢不能。“网络成瘾症”可造成人体植物神经紊乱、体内激素水平降低，引发紧张性头疼、焦虑、抑郁等表现，严重的可导致死亡。一些“网络成瘾症”患者，身在现实，心滞网境，虚实转换困难，出现体验倒错，严重的甚至拒绝承认现实的真实性，迷醉于“真实的幻觉”，极易导致心理疾病和情感异化。

1. 对网络成瘾的研究

导致成瘾的因素称为致瘾源，根据致瘾源的不同，成瘾可分为物质成瘾和行为成瘾。物质成瘾是由酒精、尼古丁、致幻剂、各类毒品等精神活性物质引起的成瘾；行为成瘾是由购物、赌博、运动、读小说、上网等行为引起的成瘾。可见，网络成瘾属于行为成瘾的范畴。行为成瘾不像物质成瘾那样，在成瘾物质的作用下具有相应的生化机制，它更多地表现为一种心理成瘾。心理成瘾遵循快乐原则，产生的是心理依赖。

美国精神病学家高登伯格把网络成瘾看作一种类似于精神障碍的心理疾病，其症状为过度使用网络，造成人在学业、工作、家庭、社会等领域身心功能的减弱。后来（1997年）他建议将“网络成瘾”一词改为“病理性网络使用”，但其内涵基本没变，还是从过度使用网络和使用的后果两个方面来界定。

美国匹兹堡大学的心理学家杨系统研究了网络成瘾，她的研究证实了网络成瘾现象是客观存在的，而且发现网络成瘾与赌博成瘾的症状有很大的相似性。后来（2000年），她推断网络成瘾有5种类型，即网络色情成瘾、网络关系成瘾、网络强迫行为、网络信息超载和计算机程序成瘾。

美国学者阿姆斯特朗认为网络成瘾是一个很广泛的概念，要根据其成瘾内容给予不同的界定。为此，他根据杨对成瘾的划分，提出了5种类型的网络成瘾定义：一是网络性成瘾，指沉迷于成人话题的聊天室和网络色情文学；二是网络关系成瘾，指沉溺于通过网上聊天或色情网站结识朋友；三是网络强迫行为，指因一种难以抵抗的冲动，着迷于在线赌博、网上贸易或者拍卖、购物；四是信息收集成瘾，指强迫性地浏览网页以查找和收集信息；五是计算机成瘾，指强迫性地沉溺于电脑游戏或编写程序。

关于网络成瘾的界定仍然存在争议，甚至网络成瘾是否存在都有争议。有研究者认为，须区分对于网络的依赖和通过网络的依赖，网络成瘾是后者，即多数网络成瘾只是将网络作为从事其他成瘾行为的媒介，网络只是一个成瘾平台，是形式，而不是成瘾的具体内容。比如通过网络玩游戏，就应归为游戏成瘾。应该说，网络成瘾涉及的事情是客观存在的，至于有没有比网络成瘾更为恰当的概念来概括，则需要进一步探讨。我们重点要关注的是成瘾者特别是发展中的青少年过度使用网络、沉迷于网络中的特定内容而产生的心理迷茫、情绪抑制、意志消沉甚至人格消解。

网络成瘾的症状很多，主要包括6个方面：精神症状、躯体症状、耐受性、戒断反应、反复性和社会功能受损情况。

精神症状首先表现为认知改变：思维迟缓、注意力不集中、自制力不完整；其次表现为情感变化：情绪不稳，对人情感肤浅甚至淡漠，与人交流情绪、情感表达困难；第三表现为行为异常：孤僻、不合群，甚至怪僻，缺乏进取心，抗拒心强，尤其对家人反感，易产生敌对情绪或攻击行为等等。

躯体症状主要表现为：由于上网时间过长，大脑神经中枢持续处于高度兴奋状态，内分泌代谢紊乱，体内激素水平失衡，机体免疫功能降低，严重的会诱发各种疾病，如心血管疾病、紧张性头疼、睡眠障碍等，还可出现倦怠、颤抖、头晕、头痛、多汗、食欲不振等躯体症状。

耐受性是由于反复使用网络，对原有的上网行为逐渐不敏感，为了达到同样的快乐体验，必须增加上网时间或投入程度。

戒断反应是指网络成瘾者脱离网络后会出现强烈的上网冲动和渴求感，表现为坐立不安、烦躁、情绪波动、注意力不集中等症状。

反复性是指可能因为某些应激事件和情绪问题诱发而反复出现上网行为，从而减少或放弃了从前的兴趣、爱好以及其他重要的活动。这个反复性也就是“瘾”的表现。

社会功能受损通常表现为个体在社会生活方面的种种不适应，个体使用网络的时间和频率均已超出正常限度，导致学习和生活中注意力不集中、易疲劳、困倦、效率降低，经常与家人、朋友发生冲突，严重影响日常生活及人际交往。

2. 网络成瘾的发生机制

网络成瘾的表现与原因都是复杂的。从网络成瘾的发生机制进行探讨，能够比较深入地剖析其具体成因，我们一般从生理机制、心理机制和社会机制等方面进行探讨，这里主要介绍网络成瘾的心理机制及社会机制。

探究网络成瘾的心理机制，首先要找到致瘾源，并总结网络的致瘾特征。首先，致瘾源不仅本身具有吸引人的特点，而且要有易感人群。其次，致瘾源能满足成瘾者的心理需求，激发其强烈的心理动机。再次，要探讨成瘾行为产生后，成瘾者的心理成分发生了哪些改变，以及这些改变为什么能够维持成瘾行为的存在。

就网络的致瘾特征而言，匿名性、便利性和逃避现实性是网络能够成为致瘾源的3个核心特征。网络对青少年有特殊的亲和力，他们生理发育（比如性）的需要、心理发展（比如自我同一性）的需要在网络里都能得到一定的满足，青少年因此成为网络成瘾的主要群体。在网络成瘾的易感人群方面，人格特质的个体差异也是导致网络成瘾的重要原因，比如青少年的感觉寻求倾向（通常说的寻找刺激）与网络成瘾相关程度较高。

网络成瘾有几个重要的心理特征。首先是认知特征，在不断使用网络的过程中，可能会产生一些自动化的行为模式，对相关网络信息的辨识能力相对减弱，无意识地对这类信息进行自动化的加工，从而导致对网络相关信息的认知偏差。其次是情绪特征，网络的过度使用除了会产生自动的认知加工偏差和削弱对错误的认知监控外，还可能形成模式化的情绪加工机制，进一步加深网络成瘾水平。第三是意志特征，表现为缺乏执行计划性、缺乏自我控制。有研究表明自我控制力与网络游戏成瘾有着直接的关系，难以控制自己的网络使用行为，将加深网络成瘾程度。

研究网络成瘾的社会机制，就是要力图弄清网络成瘾发生的线索或诱因，这些线索或诱因主要存在于3种社会因素之中，即家庭、学校和社会大环境。

许多研究证实，家庭因素是导致青少年网络成瘾的最重要因素。

比如，在家庭结构方面，网瘾青少年大多来自家庭成员构成特殊、缺少健全机制的特殊结构家庭。这是由于父母的监管是青少年与家庭、社会联系的纽带，如果这个纽带削弱或缺失，青少年出现问题行为的概率就会增大。而在特殊家庭中，一般来说，父母对子女的关怀和支持较少，家庭结构的不完整会让孩子缺少安全感和归属感，因此转向网络世界以获取补偿，父母如果对其上网行为不加约束和控制，最终就会导致孩子的网瘾行为。

再如，在家庭的社会经济状况方面，它通常是指一个家庭的背景和社会资本，主要包括父母的受教育程度、职业和家庭经济收入等。国外的一些研究表明：家庭收入与网络成瘾率之间有负相关关系，不良的家庭社会经济状况容易导致孩子网络成瘾。国内研究发现的情况稍有不同：在父母具备中等受教育水平和中等收入的家庭中成长的孩子网瘾率最低；父母受教育水平低、家庭收入低的孩子网瘾程度最深；家庭经济收入高、父母受教育水平高的子女也容易网络成瘾。这是因为这些家庭父母对子女的教育和支持较少，或对孩子要求过高造成较大的压力，导致孩子为逃避压力而过度使用网络。

又如，在家庭功能方面，国内有研究发现，家庭功能失调是造成和延续青少年网瘾症状的重要因素，其中，家庭功能中的沟通、角色分工、情感反应、情感介入、行为控制和总功能6个因子均可负向预测青少年是否容易网络成瘾。另外，国内外不少研究都表明，消极的亲子依恋增强了青少年网瘾的倾向，网瘾青少年也多来自家庭不和睦、亲子之间、父母之间冲突和暴力较多的家庭。

总之，家庭环境因素与网络成瘾密切相关。由此可知，从心理健康教育的意义上讲，珍惜与维护好家庭的完整性，增强家庭成员的情感沟通，让孩子感受到充分的安全感、归属感和充盈感，将有助于帮助孩子远离网瘾。

学校和社区（可以把社区看作社会大环境的细胞）都能成为诱发青少年网络成瘾的重要因素，有研究表明，来自不同类型、不同层次学校的学生网络成瘾的程度有所不同，文化底蕴不同的社区学生网络成瘾的数量和程度也有所差异。学校和社区作为网络成瘾的社会机制，尤其值得关注的是通过学习伙伴、玩伴对青少年产生的影响。

三、网络游戏成瘾

网络游戏和网络交往是青少年使用最多的两种网络行为。

网络游戏成瘾是指游戏玩家过于迷恋网络计算机游戏，不可抑制地长时间玩计算机游戏，这是青少年网瘾者比较普遍的现象。如果说网络交往成瘾是青少年满足归属和爱的需要，那么，网络游戏成瘾则是青少年过度寻求成就感和自我价值感的结果。过分沉迷于网络游戏使青少年在认知信息的途径上发生了严重的扭曲，由于接受知识和信息的途径单一，久而久之，大脑就像是接受了网络编程，游戏文化渗透于青少年的思想、语言和行为中，表现出游戏化的特点，致使他们在现实环境中出现表情呆滞、冲动和易怒的心理行为特征。

著名游戏设计师杰弗里·郝兰德详细分析了网络游戏成瘾的原因，很有参考价值：第一，想完成游戏的动力；第二，竞争的动力；第三，提高操作技巧的动力；第四，渴望探险的动力；第五，获得高分的动力。

游戏的虚拟现实性和互动性能够使人进入一个虚拟的世界去体验各种不同寻常的“存在”。游戏角色扮演的两个因素是“内在角色”和“外在角色”，一款优秀的游戏能够把这两者严格区分开来，让玩家完全进入由设计师预先设定的角色中而忘记自己在现实生活里扮演的角色。

网络游戏带给人的更多的是一种新的存在方式而非娱乐方式，玩家的内在角色与外在角色在这里相互交错。现实生活中的沮丧、愤怒和较低的自我评价长期积累后使人产生身份危机，而网络游戏的特殊功能恰恰给人提供一种新的生存方式，于是便可选择背叛现实，宁愿将网络游戏中的虚拟世界当成一个真实的、永恒的存在，而把现实世界当作虚幻、短暂的存在。

除了心理因素和社会因素，还有生理方面的因素也会导致网络游戏成瘾。

长时间上网会使大脑里的神经递质多巴胺水平升高，使人呈现短时间的高度兴奋，同毒品的效果相似，给人体带来一系列复杂的生理变化，打乱人体机能的自我平衡能力，从而逐步发展为身体上的依赖。

总之，青少年网络游戏成瘾从初时只是精神上的渴望、依赖，逐步发展到躯体上的依赖，并表现为情绪低落、头昏眼花、双手颤动、紧张焦虑、疲乏无力、注意力不集中等。由于他们较长时间地处于电脑微波的辐射中，如果缺乏必要的保护措施，便会引起中枢神经功能的失调而产生头痛、失眠、心悸、恶心、多汗、厌食以及情绪低落、思维迟钝、容易激怒冲动与疲劳、心理失衡等现象。

针对网络游戏成瘾的危害以及青少年网络游戏成瘾的成因、特点，可以做一些预防工作。网络游戏成瘾属于网络成瘾的一部分内容，因而有关网游成瘾的预防措施也可以从网络成瘾的预防获得相对应的启示：

第一，坚持预防为主的理念。要引导青少年正确看待互联网在学习、生活中的功用，尤其要教育他们不可以沉湎于网络游戏，更不可以沉迷于网络色情内容。

第二，发挥社会环境的关心和制约作用。学校、社会及心理健康教育机构应定期或不定期进行网络心理健康教育，加强对青少年的正面引导。同时，家庭、学校及网吧等为他们提供上网机会的场所应协调一致，控制其上网时间。

第三，加强对青少年的认知教育。要帮助青少年认清网络成瘾的原因及危害，帮助他们认清自身的需要，改变上网的心态。指导他们加强上网的自我监控能力，以及调控的方式方法。

第四，坚持预防加矫正的工作原则。要对青少年游戏成瘾行为进行必要的、有针对性的矫正。

四、互联网的合理使用

1994年，中国正式接入国际互联网，从此，中国人可以更便捷地获得来自世界各地的信息。智能手机给人们使用网络带来了更大的便利，现在手机已经成为青少年网民最主要的上网工具。

1. 关于过度使用网络行为的研究

根据已有研究，存在以下两种情况：一是易于过度使用互联网的群体不小；二是过度使用互联网群体有一些共同的心理特征。实际上，我们还须思考以下两个问题：网络过度使用行为为何会发生？如何进行基于互联网的学习交流？

针对“易于过度使用互联网的群体”，有研究发现，青少年是最易于过度使用网络的群体，他们容易被网络的可获得性和时间灵活性所吸引，以致增加了过度使用网络的潜在风险。当然，我们认为他们的信息获取欲强于其他年龄段者是重要内因。

针对“过度使用互联网群体共同具有的心理特征”，有研究发现，网络使用依赖者在自我依赖（如独自使用互联网并不会感到被隔离，这可能是因为网络的交互式功能）、情绪敏感性和反应性（如沉迷于网络的各种信息和数据）、警觉性、较低的自我封闭和非从众性等特点方面表现得较为明显。

从另一些研究结果来看，比如感觉寻求和网络依赖之间的关系，网络使用依赖者在感觉寻求量表上表现并不突出，这是因为没有达到传统概念所定义的感觉寻求的水平。感觉寻求的传统形式包括身体活动，比如高空跳伞以及其他诱发兴奋的活动。然而，网络使用者在他们的感觉寻求中往往有着较少的身体活动，但是有着更多的心理活动。所以，已有研究还不能肯定地说具有哪些心理特征的人容易过度使用互联网，即难以仅从网络使用者的内在因素说明网瘾的成因。因此，探讨网络过度使用行为为何会发生的问题还得有另外的思路。

我们可以借鉴美国犯罪学家赫西的社会控制理论。赫西认为人类是动物，犯罪是人的本能，人人都有犯罪的自然倾向。因此，当把文明的外衣拿掉时，人人都会犯罪。所以，“人为什么不犯罪”才是要探讨的问题。赫西认为，多数人未犯罪，是由于有外在的社会控制机制将其抑制，这个机制就是社会纽带。

社会纽带是指一个人在社会化过程中形成的一种情感，具有防止青少年犯罪的作用，因为这种纽带会使青少年增强社会责任感，顺从社会传统规范。赫西认为社会纽带有4个构成要素：依恋、奉献、参与和信仰。依恋是指与他人的感情联结，主要包括对父母的依恋、对学校的依恋和对朋辈的依恋。奉献是指将个人的时间、精力和努力投入学习、工作和生活中。参与是指花费时间和精力参加传统的活动。信仰是指对传统价值观念和道德法制观念的态度或者接受意愿。在以上4个方面表现得越好，青少年就越不容易发生犯罪行为。

因此，为了减少网络过度使用行为的发生，可以创造条件让青少年有更多的依恋（依恋父母、学校和朋辈）、奉献（将时间和精力投入学习和其他有益的社会生活中，如做义工）、参与（参与传统活动，比如做家务），并矫正他们的信仰（比如相信知识改变命运，有这种信念的人和认为读书无用的人相比较，后者发生网络过度使用行为的可能性更大）。

2. 如何合理使用互联网进行学习和交流

无疑，基于互联网的学习交流是时代趋势，无视这一趋势者必然被淘汰。不仅是教师，家长也要有这样的认知。

网络不仅为学习者提供利用网络作为学习资料的传输和储存的工具，而且更重要的是它可以成为学习者的认知工具和知识重构工具。网络技术在学习中主要有以下4个特性：灵活性，老师与学生可以在线交流，也可以非同步沟通；多方向，老师与学生、学生与学生都可以形成群体，并进行多向的沟通；个性化，学生可以依据需要选择合适的进度来学习；自动记录，任何学习行为或沟通交流都可以被记录下来，用来查询与追踪。

以上特性为网络环境下的学习带来了一些优势。

一是便利性。学生可以不因时空限制而影响学习，可以在任何时候、任何地点通过计算机设备进行学习。

二是主动性。学生可以根据实际需要和兴趣来选择课程，并依据自身程度、意愿、能力、学习状态来决定学习内容和进度，不受固定课程安排的限制，拥有更多的学习主控权。

三是交互性。网络的交互性是一种“群播”状态，学习是多元互动，甚至是弹性的、有选择性的互动，不再是被动、单向的状态，因而能提高学生的学习乐趣。

四是协作性。网络可以突破时空局限性，使分散在各地的学生交换学习资料和学习心得，或者共同针对某个主题进行研讨，在网络合作完成项目。

五是多样性。互联网支持各类多媒体教材的展现，能让老师与学生用各种形式表现其作品，并存留于网络，网络扮演在线数据库的角色，向老师与学生提供各种可利用的资料。

六是开放性。网络上的学习是开放的，网络提供了一个非强迫性的学习环境，所有参与者都可以同时扮演“教”与“学”的角色，打破师生隶属关系，提供平等的沟通机会。

由此看来，网络学习的优势是明显的，不善于利用网络进行学习是落伍的。关键的问题是在网络里学习如何做到不偏离学习目标，这就涉及学习者的自制力了。

五、互联网时代的自制力

虽然自制力在任何时代都重要，但在互联网时代是特别重要的。

一般地说，自制是个体克制自己的欲望、情绪，抵制外界诱惑，规范自己的行为的抑制性品质。有自制力的人，能够为了实现既定目标，克制与目标不一致的欲望和情绪，抵制外界诱惑，约束自己，执行所作出的决定。与自制相反的是冲动，冲动往往让人失去约束，不利于目标的实现。

互联网上的内容极其丰富，其中的信息、情色、游戏、赌博、购物、聊天等等内容中的任何一项都极具诱惑力。要培养青少年的自制力，重点应加强网络成瘾的家庭预防。

首先是培养健康的家庭教养方式。有研究发现，网瘾青少年的父母更多采用了过分干涉、严厉惩罚、拒绝否认、缺乏温情和心理控制等教养方式。对此，可通过开办家长网络学校，鼓励父母对子女展示更多关怀和理解，摒弃对子女的严厉惩罚、拒绝否认。青少年若在家里得不到应有的理解、支持和关怀，合理的行为和要求总是遭到惩罚和拒绝，就会自然地向外界寻求更能满足自己的外部环境，比如网吧。所以，在对青少年网瘾者的预防措施中，应该加入家庭预防计划。

其次是树立科学的网络意识，保持和谐的家庭关系，这是家庭预防网瘾的另一个重要方面。有的父母视网络为洪水猛兽，这种盲目排斥的态度只会使自己和孩子形成代沟和矛盾，助长孩子的逆反心理。家长应体察孩子上网背后的心理需求，弄清事实真相之后，通过自己学习或请教专家，就孩子面临的问题与孩子进行平等、真诚、热情的沟通，与孩子一起探索、寻求问题的解决办法和答案。

再次是调动成长潜力，培养兴趣爱好。这是预防网瘾的根本措施。比如，发现孩子的优点，提高他们的自我认同度，而不必去虚拟世界寻找自我存在的价值。多为孩子创造与同伴一起开展有益文体活动的机会，丰富孩子的闲暇生活，让孩子有机会和伙伴一起展示兴趣爱好。和伙伴、朋友交往的机会多了，染上网瘾的可能性就小了。

在采取了积极的家庭预防网瘾措施后，还有一个上网自制力的培养问题，以下几点是有效而重要的：

一是有意识地培养自律精神。自觉抵制低俗的网络信息，积极履行《文明上网自律公约》，做一个守法的好公民。

二是把控自己的想法，对自己负责。明白自己应该做什么，就坚定地去做；不能做什么，就拒绝不能做的事。比如上网玩游戏，要认真掂量做了之后会有什么影响。

三是学会控制每天的上网时间。用实例让孩子明白，很多人事情做不好就是没利用好时间。沉溺于网络的孩子往往是在网络中畅游时，忘记了时间，忘记了除了上网，还有更重要的事情要做。

第八章 他山之石——家庭心理健康教育案例

在家庭心理健康教育过程中，问题是多种多样的，成因也是复杂多元的。本章通过案例，从七个方面分析代表性的问题，并就问题成因和对策提出看法。他山之石，可以攻玉，这些案例将对家庭心理健康教育提供学习借鉴。

一、调控消极情绪

情绪是非常重要的心理活动，从性质上看大体可分为积极情绪和消极情绪，因此，家庭心理健康教育在情绪方面主要包括两个方面：一是培养积极情绪，如亲情的温暖、友谊的珍贵、学习的成功和运动的快乐等等；二是调控消极情绪。以下就以嫉妒情绪为例，说说消极情绪的调控。

1. 案例介绍

即使是在小学，依然可以发现学生中存在着不同程度的各种嫉妒情绪。有的以明褒暗贬的形式表现出嫉妒，话讲得好听，而其中的味道却是酸酸的；有的不承认别人的成绩和进步，明明别人成绩好、进步大，却视而不见，不予承认；有的贬低别人，把别人的成绩、进步说成是偶然的、运气好，是靠死记硬背才取得好分数；有的看到别人家里富足，吃、穿、用都比自己好，心理就不平衡；有的不满意别人能干，嫉妒别人当上了干部，故意刁难……

2. 原因分析

（1）独生子女的优越感。独生子女的家庭结构更容易使得他们获得来自父母、祖父母或外祖父母过分的溺爱，容易养成争强好胜、固执的个性。凡是从自我中心出发的孩子，一旦发现身边的人或原先处于同等位置的人超过自己，马上觉得受到威胁，自然而然地产生嫉妒。

（2）认知能力发展限制。受认知能力发展的限制，多数小学生还不能全面、客观地评价自己和他人。有的孩子用放大镜看待自身的长处，盲目骄傲，形成了“唯我独尊，唯我独好”的心理，不愿意承认别人的长处，对比自己优越的人产生反感而引发嫉妒心理。

（3）虚荣心作祟。嫉妒心往往与虚荣心相伴相生，虚荣心是用外在的、表面的来弥补自己内在的、实质的不足，以赢得他人的关注和尊重。虚荣心强的孩子，当看到别人即使是在一件事情上强于他时，就会对此产生嫉妒之心。

（4）竞争压力。小学生群体也存在着各式各样的竞争与比较，学习成绩、个人形象、家庭实力、兴趣爱好等等都可能成为竞争的内容，一旦在比较中处于劣势，就会转化为嫉妒的因素。

3. 案例启示

嫉妒是复杂的心理现象，主要成分是情绪。归根结底，嫉妒是消极的，危害是多方面的，危害程度有时触目惊心。因为嫉妒，就会把宝贵的精力消耗在贬损甚至诽谤他人的小动作上，严重阻碍自己的进步。更有甚者，由于长期处于压抑、自扰之中，还容易导致神经系统功能紊乱，严重影响身心健康。

在充分认识了嫉妒的危害后，应该告知孩子缓解和消除嫉妒心理的一些方法，如示弱法，即坦率地向嫉妒自己的同学暴露自己的弱点，真诚地与之交流，化解对方情绪；宣泄法，通过发泄自己内心的愤懑情绪，保持心理平衡，像跑到无人的地方大吼几声或大哭一场即可。更积极的做法是，将嫉妒心理转化为竞争意识，要让孩子懂得，人各有所长，与其嫉妒他人，不如把时间和精力放在发展自己的长处上。鼓励孩子公平竞争，让今日之我胜过昨日之我，而非嫉妒别人。

二、消解考试焦虑

考试焦虑是许多学生特别是初高中毕业班学生比较普遍的现象，考试焦虑的原因是复杂多样的，解决起来的方法也就有所不同。

1. 案例介绍

小敏，女，16岁，初三学生。进入初中后成绩一直在年段名列前茅，平时学习刻苦，尊敬师长，团结同学，关心集体，是个爱笑的阳光女孩。但从初二下学期期末考试阶段开始，她的身上出现了一系列莫名其妙的现象：晚上开始失眠，一到凌晨4点左右就觉得肚子疼而自动醒来；进入考场后大脑一片空白，而且急于上厕所（真去厕所了又无便意）；拿到试卷时心跳加速，手心出汗，注意力难以集中，思考问题出现困难……一系列原因导致她的期末考试成绩明显滑坡。进入初三上学期后，紧张、不安、心烦意乱、失眠仍旧困扰着她，导致她的听课质量严重下降，学习效率每况愈下，考试成绩一次不如一次。老师和家长由关心到埋怨，更令她痛苦不已，最近经常哭泣或发脾气，并有拒绝上学的想法。

2. 原因分析

以上案例中，小敏的问题属于考试焦虑现象。究其原因，主要有以下三方面的因素。

（1）自我提高内驱力受挫。小敏从上小学起成绩就一直很好，也深受老师喜爱。进入初中以后，因为学习成绩一直名列前茅，经常受到老师的表扬，成为同学学习的榜样。成为榜样带来的压力使小敏产生更强烈的自我提高内驱力（进取心、好胜心），进而产生学习压力，形成考试焦虑。

（2）附属内驱力受挫。当小敏的听课质量、学习效率和考试成绩都出现倒退时，她最需要的是持续的心理抚慰和鼓励。但是，老师和家长对她的态度变成了埋怨，不仅原先的赞许、赏识和认可没了，而且埋怨这个最伤自尊的行为出现了。

（3）家庭依恋失衡。小敏8岁时，父母离婚，她和母亲一起生活。母亲个性要强，把一切希望都寄托在她身上，特别看重她的学习成绩。为了能够让她取得更好的成绩，生活上的一切母亲都包办了。因此，小敏不敢在学习上有些许松懈怠慢，怕对不起母亲。初二的期末考试没能考到让母亲满意的成绩，整个假期就在母亲的责骂和埋怨声中度过。

3. 案例启示

小敏的情况在初中生群体里有相当的代表性，她学习自觉，自尊心、进取心强，但心理韧性相对弱，单亲母亲给予她较大压力。面对这样的情况，家长应及时与老师沟通，形成一个较为和谐的支持系统，给孩子积极的评价，消解压抑情绪，尽快解开心结。

三、改善师生关系

师生关系是学校教育过程中的重要人际关系，直接影响到学生的成长。由于每个老师和学生的情况不同、性格不一，师生关系就会形成多样化的互动状态，也可能产生差异化的问题及矛盾。

1. 案例介绍

小A是小学五年级的一名女生。从外表看，头发特别短，穿着打扮、走路姿势、言谈举止都特别像个男孩子。她是独生女，在家里是父母的“小公主”，由于姑、姨等亲戚家的孩子都是男孩，爷爷、奶奶、外公、外婆更加偏爱她。小A父亲所在的工厂不太景气，母亲没有正式工作，做点小买卖，家庭经济状况一般。他们都希望小A好好学习，将来能有一份好工作。

然而，小A的学习成绩差，上课经常不认真听讲，和同学讲话、看课外书或搞些小动作。许多同学对她有意见，但不敢向她提，也不敢告诉班主任，因为她像个“假小子”，平时很横，他们怕小A报复。

她和任课教师的关系不融洽，尤其是对英语老师。在英语课上，小A故意捣乱，经常与老师发生冲突，影响正常的教学活动。

2. 原因分析

（1）自尊心受挫。小A学习成绩差，行为习惯不良，同学们对她很有意见，因此，她在班级找不到自己的位置，得不到老师、同学的认可，自尊心受到挫伤，使她失去了自信心。为了发泄情绪，她破罐破摔，从主观上根本不在意与任课老师的关系是否和谐。

（2）师生认知的偏差。由于小A经常故意违反课堂纪律，英语老师形成了心理定式，不管什么原因，只要她课上说话就认为是故意捣乱。因此，在课堂上常常出现师生发生口角的情形。她因为不喜欢英语老师这个人而发展到不喜欢英语课，这种光环效应的影响，使她对英语老师的认知产生偏差。师生之间的认知都存在一定偏差，交往过程中就容易诱发不良的对立情绪。

（3）家庭的娇宠。父母把自己未实现的愿望寄托在小A身上，希望她别走靠力气挣钱的老路，导致了她的任性和“横”，学习基础本来不好而缺乏自信的她，找到了心理上的平衡点——和英语老师杠上了。实际上，紧张的师生关系更增添了她的心理压力。

3. 案例启示

古人说“爱屋及乌”，学生学习中也常有这种情况：喜欢一个老师就会喜欢他教的课程，或是喜欢一个学科就会喜欢任课老师。相反的情况也是可能的，不喜欢某学科可能导致学生和老师的关系不协调。小A与英语老师的关系就反映了这一现象。

人际交往中有一种“天使效应”，心理学告诉我们：把别人想象成天使，你就不会遇到魔鬼；把别人想象成魔鬼，遇到的当然是魔鬼。你怎样对待别人，别人就会怎样对待你。

和谐的师生关系对孩子成长的影响极为直接和重要，很多孩子因为种种原因不会处理与老师的关系，像小A这样缺乏正确的认知，幼稚、片面、偏激地看人看事是主要原因。在心理健康教育中，家长应该采取积极的策略、方法帮助孩子纠正心理上的偏差。

四、解决亲子冲突

亲子关系通常是具有直接血缘关系的人际关系，因此它有着和一般人际关系不同的特点，最突出的是内生性和永久性。亲子关系如果持续产生冲突，对父母和孩子都会产生难以估量的情绪伤害以及心理创伤，因此需要及时消解。

1. 案例介绍

某某小学六年级1班。据调查，全班80%的同学对父母的很多情况不了解，认为父母为自己所做的一切都是应该的，对父母的关爱往往表现出不耐烦、发脾气，甚至有的说父母“讨厌”；50%的同学认为自己长大了，不再依靠父母了，有了事情不愿和父母说。

父母都希望儿女有所成就，习惯的做法是把自己的意志强加于孩子，不允许反驳，只能顺从。因此，不少家庭父母与孩子的关系较疏远、冷淡，常发生冲突。

2. 原因分析

（1）亲子关系进入“危机期”。六年级的孩子不少已经进入了青春期，这个时期是依恋与独立两种情绪冲突共存的阶段，在与父母交往中常常表现出疏远和冲突。他们认为自己不再是小孩子了，希望父母不要约束自己、管教自己，并且要求父母对他们平等。但是，父母总觉得孩子毕竟还小，经历少，很多事情不同意孩子的意见，常用自己的经验背景、价值取向要求孩子。这样，父母与孩子的矛盾就容易产生，进而出现冲突现象。

（2）教养方式有偏差。有的心理学家把父母的教养方式分为3种类型，即民主型、独断型和放纵型（溺爱型）。民主型教养方式的父母对孩子的活动在加以保护的同时，会给予社会和文化的训练，对孩子的要求予以满足的同时，在一定程度上也会加以限制，结果是孩子大多谦虚、诚恳、待人有礼节。独断型教养方式的父母相信惩罚甚至体罚的作用，容易发脾气，对孩子的限制、训斥多，结果多使孩子产生恐惧心理，缺乏自信，胆小怯懦，情绪易波动。放纵型教养方式的父母对孩子百般宠爱、百依百顺，使孩子形成好吃懒做、自私自利、缺乏独立性等消极品质。因教养方式形成的心理品质又制约着亲子关系（包括引起亲子冲突），成为亲子关系发展的心理背景。如果父母教养方式与孩子的个性特点不吻合，加上价值观的差异，亲子冲突的发生可能就在所难免了。

3. 案例启示

青春期的亲子冲突是比较普遍的现象，不能一味归结为孩子的叛逆心理。亲子冲突不能期望很快就能解决，毕竟有的冲突是长期积累的。对孩子来说，学校老师的引导还是很有影响力、很重要的，要让学生掌握一些与父母沟通的方法，如：外出与回家时，主动与父母打招呼；多与父母聊天；相信父母、赞美父母；不仅在父母过生日时向他们表示祝贺，在自己过生日时也向父母表示感谢，感谢他们的养育之恩；自己做错事，主动向父母道歉等。

要化解亲子冲突，父母也要努力做到让孩子理解父母、接纳父母、体贴父母，从而走近父母，这是每一位父母亲育儿的基本功，也是家庭心理健康教育的基本功。

五、矫正品行问题

这里所说的“品行”，不是从教育学、伦理学等理论学科出发，也不是从德育、思想政治教育等实践学科出发，大体上是从心理学的人格意义上加以界定的。人格的基本含义是一个人在社会化过程中形成的稳定而独特的心理特性，自我是人格发展的核心内容。

1. 案例介绍

某高校几位老乡为庆贺K同学20岁生日，在周末的晚上聚餐，之后他们又去了舞厅。在舞厅里，K同学与一个社会青年争相邀请一位长相秀美、能歌善舞的女孩为舞伴。K同学明显占了上风，赢得了舞伴。沉浸在生日快乐情绪中的他一曲曲跳得十分尽兴，也引来了大家的喝彩，可万万没有想到这一切却招来了灾难。舞厅里那个社会青年是个病态人格者，几番失意惹起他的醋意，几位同学出舞厅后，他秘密跟踪。在偏僻处，他乘人不备，突然抽出尖刀，猛地刺向K同学胸背部，导致其当场大出血，幸亏在场同学紧急送往医院进行急诊手术，K同学才幸免于难。

2. 原因分析

案例中的行凶者虽然不是大学生，但他身上表现出来的人格障碍在大学生中也是存在的。人格障碍者大多有如下特质：一般从童年开始，青春期就有明显表现；人格严重偏离正常，与周围人格格不入；智力正常，但有严重的情绪和意志障碍；对自己人格上的缺陷缺乏自知力；人格偏离矫正困难，预后不佳。

人格障碍的成因总体包括生物、心理和社会三类因素。生物性因素有遗传变异、孕产期损伤、感染和营养不良导致的大脑发育受损。心理因素方面，人格成长过程中，早期环境和家庭教育很重要，如早期缺失父母之爱，可形成缺乏感情的性格，对他人冷淡，成年后爱挑衅，反社会行为多；人格发展还与父母的教养方式有关。社会因素方面，人格障碍的发生与家庭、教育和个人不良生活方式有关，与不良竞争、拜金主义以及种种不正之风也有关系。

3. 案例启示

对于大学生来说，成年时的人格障碍是从过去积累而来，甚至是长期习得的。正如前面所说的，生物、心理和社会三类因素是人格障碍的主要成因，这些因素中都有一些可控的方面，这就为预防提供了良好的机会。另一个方面，应高度重视婴幼儿时期的人格养成及塑造，在此前后如果出现人格偏差或人格障碍的苗头，务必及时调节、矫治，切不可任其膨胀。

六、化解消极心态

个体总要走向社会，这也是个性化与社会化同时进行的必然结果。在这个过程中，消极心态与积极心态都有可能发生。

1. 案例介绍

小H是一名师范专业大二学生，从农村考入大学，家境比较贫困。父亲去世多年，由母亲一人支撑家里的生活开支，还有3个妹妹分别在读初中和小学。有一年暑假，他参加了学校组织的支教活动。

在实践过程中，由于他是第一次走上讲台，难免有些紧张，身体还有些颤抖，发音有些走调。课后通过了解，发现学生们对他的教学评价不高。因此，小H觉得自己不是当老师的料，有放弃做老师的想法，有较强的自卑心态。

2. 原因分析

（1）家庭支持系统脆弱。小H来自农村，父亲的去世，给他家里的生活蒙上了阴影，全家靠母亲一人支撑。目前他是家里唯一的大学生，在重男轻女的农村，他是全家人的骄傲和希望。想到将来他不仅要照顾好母亲，还要供妹妹们读书，他觉得自己的压力很大。贫穷在他的心中打下了深深的烙印，这无疑是他产生自卑心态的重要原因。

（2）归因方式偏差。由于他的发音受方言影响，经过一年多的努力，虽然有所改进，但是进步不是很明显。这次在支教上课时，由于发音不标准，受到学生嘲笑。他认为所有一切都是命运，无法改变，感到很无助。正是这样错误的归因方式强化了他的自卑心态。

（3）自尊心受挫。小H是一个自尊心强的人，认为通过努力就能将事情做好，对自己的要求很严格。大学不同于中学，他没能很好地调整学习方式，尽管学习十分用功，但学习效果却不明显，使他的自尊心受挫，加重了自卑心态。

3. 案例启示

心态是弥散性的心理状态，对各种行为都会产生影响，对一个人的心理健康影响很大。因此，化解消极心态很重要。

自卑心态是一种因过多的自我否定而产生的消极情绪，多见于那些自我意识发展不健全、性格内向或有生理缺陷的大学生。过低的自我评价、悲观失望、不恰当的社会比较、失败的经历、错误的归因方式等等是造成自卑心态的内在机制。

通常说，我们应该接受不能改变的事，改变可以改变的事。就自卑心态的成因而言，出身、家庭环境是一时无法改变的，那就接受。与他人进行科学的比较，把成功的星火点燃起来就能逐步打破无助感，辩证分析成败的原因就可以让悲观的阴霾消散。集中到一点，带上勇气逐渐积累积极的自我评价是消解自卑心态的关键。

七、培育积极心态

对于心理健康，化解消极心态很重要，培育积极心态一样重要甚至更重要，因为积极心态增强了，消极心态就会弱下去。

1. 案例介绍

S同学是一名大三学生。一直以来她对自己都缺乏自信，譬如小时候，很想参加绘画班，后来发现很多报名者以前都接受过训练，她一点基础都没有，担心参加后会出丑，就放弃了报名。后来很多活动都是因为担心出丑就不参加了。

其实，她的学习成绩并不差，但她如果有一门课考得好了，就担心下一次能否保持优势；要是哪门课考得不好，就更加担心了。

生活中，她很在意别人的看法，很多事情都是按照别人的意愿去做，结果自己很不舒服。

S同学发现身边很多人自信心特别强，很想像他们那样，结果总是做不到，因此感到非常烦恼甚至沮丧。

2. 原因分析

（1）失败恐惧。害怕失败是正常的、自然的心理反应，失败恐惧实际上是一种避免失败的、消极性成就动机。从它的心理意义来看，只是追求避免失败的低级水平，与力求成功的、积极性成就动机完全处于两种状态。案例中的女大学生S同学的成就动机就是典型的避免失败的、消极性成就动机。她从小担心出丑、担心考不好、担心别人不高兴等心态即是明证。

（2）自我失衡。案例中的S同学在自我与他人之间权衡时，她的自我是弱小的。虽然自己不舒服，但很在意别人的看法，担心别人会不高兴，很多事情都是按照别人的意愿去做。实际上，这类人的性格大体上属于依从型，缺乏严格意义上的独立的自我，他们的自我是萎缩的、失衡的，生活中是难以快乐幸福的。

（3）消极比较。人与人进行比较本来是很正常的事情，但如果一味以他人为标准，那就不是积极比较而是消极比较了。而且比较的对象都是强于自己的人，结果只会徒增烦恼，进而丧失自我。

3. 案例启示

自信心态是一种自我肯定的积极情感，是成功的产物，根源是远大理想的坚韧驱动。当然，积极的自我、正确的归因、科学的比较等等都有助于培育自信心态。自信心态是自我生发出来的积极状态，它虽然不一定全是人格特质，但是恒久的心态就会转化成稳定的特质，成为进一步追寻理想、实现梦想的人格特质。

积极心态丰富多样，自信心态只是其中的一个表现。其他积极心态的培育也有各自适合的方法，但我们可以有一个共同的强劲心声：让我们都来为积极心态的培育加油吧！

参考文献

［1］莫雷. 心理学［M］.北京：北京师范大学出版社，2014.

［2］连榕. 学校心理健康教育读本［M］.北京：教育科学出版社，2012.

［3］郑先如，郑桂荣. 大学心理健康教育读本［M］.杭州：浙江大学出版社，2014.

［4］宋志一，朱海燕，张锋. 父母亲职业类型对子女心理素质发展影响的测验研究［J］.学术探索，2002（4）：88.

［5］张永喜. 现代休闲方式与健康［M］.武汉：武汉大学出版社，2002.

［6］王小新. 父母文化程度与高师学生心理健康问题研究［J］.中国健康心理学杂志，2002（3）：161–162.

［7］薛小明. 职业心理学［M］.北京：线装书局，2009.

［8］李丹. 儿童发展心理学［M］.上海：华东师范大学出版社，1987.

［9］黄希庭. 心理学［M］.上海：上海教育出版社，1997.

［10］周月明. 我是超级优等生：成为优等生的学习习惯［M］.北京：线装书局，2005.

［11］刘爱书，庞爱莲. 发展心理学［M］.北京：清华大学出版社，2013.

［12］张良科. 图解孩子敏感期行为心理学［M］.北京：北京工业大学出版社，2016.

［13］高月梅，张泓. 幼儿心理学［M］.杭州：浙江教育出版社，2005.

［14］李怀玉. 好命不如好习惯［M］.西安：长安出版社，2007.

［15］林崇德. 发展心理学［M］.北京：人民教育出版社，1995.

［16］董惠娟. 青少年性生理与性心理教育［M］.北京：群言出版社，2002.

［17］王旭东. 师生关系的理论和实践［M］.南宁：广西教育出版社，2006.

［18］刘视湘. 社区心理学［M］.北京：开明出版社，2013.

［19］王泉根. 怎样学习最有效：纠正孩子学习坏习惯66法［M］.北京：商务印书馆，2003.

［20］章苏静，金科. 亲子关系与儿童网瘾防治策略［M］.济南：山东教育出版社，2014.

［21］孟育群，徐岫茹. 改善亲子关系的方法［M］.北京：新世界出版社，2005.

［22］刘勇赫. 让孩子快乐的亲子关系［M］.北京：团结出版社，2015.

［23］王维平等. 家校合作方略：孩子成长宝典［M］.北京：科学普及出版社，2007.

［24］王旭东. 师生关系的理论和实践［M］.南宁：广西教育出版社，2006.

［25］叶一舵. 现代学校心理健康教育研究［M］.北京：开明出版社，2003.

［26］王书荃. 学校心理健康教育概论［M］.北京：华夏出版社，2005.

［27］汪凤炎. 中国文化心理学新论（上、下）［M］.上海：上海

教育出版社，2019.

［28］李春华. 大众文化与互联网［M］.北京：中国建材工业出版社，2008.

［29］贺金波. 网络成瘾的发生机制和预防［M］.武汉：华中师范大学出版社，2015.

［30］宋海珍，张鸿军. 数字化学习资源使用及开发［M］.郑州：河南大学出版社，2008.

［31］上海市青年联合会等. 青少年网络成瘾的综合矫治［A］.青少年网络成瘾及其干预：2005年沪港新专家圆桌会议论文汇编［C］.上海：华东理工大学出版社，2006.

［32］顾瑞华. 换个角度倾听“花开”［M］.苏州：苏州大学出版社，2017.

［33］广州市属高校学生工作专业委员会. 不要忽视思想问题中存在的心理因素［A］.启示与借鉴：广州市属高校学生工作案例论文集［C］.广州：华南理工大学出版社，2008.

［34］心理健康教育案例选析编写组. 心理健康教育案例选析（小学专兼职教师使用）［M］.北京：中国统计出版社，2004.

后记

就目前情况而言，我国的心理健康教育大多是在学校进行的，各地、各级学校在实际操作方面都有了明显的可喜进步，宣传知识、开设课程、开展活动、提供咨询和团体辅导甚至配备专门的实训室，如催眠放松室、沙盘游戏室等等，这些都是值得肯定的。但是，有一个问题也是明显的，那就是家长参与的积极性不够，还不能有力支持学校的相关工作。其中的一个重要原因是家长缺乏心理健康教育的基本知识，导致缺乏应有的参与能力。因此，为家长们提供科学性与通俗性兼具的家庭心理健康教育读物是十分必要的。这样，家长就能更好地实现在心理健康教育方面的家校协同，进而共同促进孩子（学生）的积极人格特质，预防消极人格特质的形成。

本书秉持一个基本理念，即心理健康教育要牢牢把握师生关系和亲子关系对于学生（孩子）角色切换的根本制约作用。具体来说，个体发展是在不同分析水平的生态环境里进行的，家庭和学校是分析水平不同的两类环境，它们既是个体的支持来源，也是压力和冲突的来源，师生关系和亲子关系对于学生（孩子）具有不同的意义，在这两种人际关系中角色切换对于形成教育合力有着重要影响。基于此，本书前四章聚焦家庭、家长、孩子和亲子关系，分别阐述它们在心理健康教育中的地位与要求，这四章也构成家庭心理健康教育的基本面；第五章论述家校协同在心理健康教育中的作用，指出这是协同教育的必经途径，说明学校主导与家庭支持如何形成合力；第六章、第七章分别讲传统文化与互联网在心理健康教育中的作用，传统文化相较于西方文化占优势的互联网文化，心理健康教育如何利用这些资源有所作为是很值得钻研的现实问题；最后，第八章通过提供家庭心理健康教育若干案例，让读者掌握实施家庭心理健康教育的多种方法，以取得更大的家庭心理健康教育效益。本书不追求面面俱到，但渴望在基础知识构成上有所突破，努力为新时代家庭心理健康教育做点贡献。

本书是2021年福建省社会科学普及出版资助项目成果。本项目得到福建省社科联学会部（社科普及部）和福建人民出版社的大力支持，项目审读专家也给予了悉心指导，在此深表敬意和谢意！本书在写作中参阅了大量相关资料，对有关作者谨表感谢！对在参考文献中遗落的文献及其作者谨表歉意！在项目申报过程中，龙岩学院科研处（社科处）的领导、工作人员给予了大力支持，龙岩学院师范教育学院领导给予了热情鼓励，教科办同事做了细致的服务工作。所有这些也都是项目获得立项的有力保障，在此一并表示诚挚的感谢！

最后，对叶一舵教授长期以来给予的勉励和指导表示感谢，也对宗亲凤祥先生的美好激励表示感谢。

本书如有瑕疵甚至错误之处，恳请读者批评指正，以便今后适时加以修正完善。联系方式：QQ：1526287843，邮箱：xsx2000@qq.com。

郑先如

于龙岩学院师范教育学院心理系

2022年9月28日